Fiabe re italiane

raccontate da **Cinzia Medaglia**
e illustrate da **Alfredo Belli**

Redazione e ricerca iconografica: Marina Amoia
Progetto grafico e direzione artistica: Nadia Maestri
Grafica al computer: Chiara Giuliani

Crediti:

DeA Picture Library, Corbis, Marka, iStockphoto, Tipsimages.

© 2010 Cideb Editrice, Genova

Prima edizione: giugno 2010

Saremo lieti di ricevere i vostri commenti,
eventuali suggerimenti e di fornirvi
ulteriori informazioni che riguardano
le nostre pubblicazioni:

info@blackcat-cideb.com
www.blackcat-cideb.com

La Casa Editrice è certificata da

CISQCERT

in conformità alla norma UNI EN ISO 9001:2008
per l'attività di «Progettazione, realizzazione,
distribuzione e vendita di prodotti editoriali»
(certificato n. 04.953)

ISBN 978-88-530-0931-9 Libro

Stampato in Italia da
Stamperia Artistica Nazionale,
Trofarello, Torino

Indice

Per cominciare

La **fiaba** è una narrazione breve **tramandata oralmente**, cioè a voce, è spesso di **origine popolare** e per questo ha come protagonisti persone comuni come mercanti, contadini, pescatori...

Queste stesse persone erano anche i lettori delle fiabe, che ai nostri giorni sono considerate una lettura tipica dei bambini, mentre, un tempo, erano apprezzate anche e soprattutto da persone adulte.

Andiamo indietro nel tempo e immaginiamo una sera in un villaggio. Un cantastorie e il suo pubblico raccolto attorno a lui ad ascoltare la narrazione di una fiaba.

C'era una volta, così comincia la fiaba che il cantastorie racconta con lentezza e con espressione per renderne al meglio il contenuto. E poiché il racconto deve essere compreso "al volo", usa un **linguaggio semplice e chiaro**, costituito da tante espressioni della lingua parlata e ripetizioni come "cammina cammina" o "galoppa galoppa". E per divertire introduce formule buffe come "quaqua attaccati là" o "apriti sesamo". Più spesso usa il discorso diretto, cioè riporta direttamente i dialoghi, questo gli permette di cambiare voce, imitare l'espressione di questo o quel personaggio e di mantenere viva l'attenzione degli spettatori.

L'Italia delle fiabe

Il pastore Giovannino

Giovannino era un ragazzo timido e buono. Viveva insieme alla sua famiglia in un paesello tra le montagne dell'Abruzzo. La famiglia di Giovannino era assai povera. La loro unica ricchezza consisteva in tre pecorelle che Giovannino ogni mattina conduceva al pascolo sulla montagna, sui grandi prati dall'erba rada. Si sedeva e, suonando il suo zufolo, guardava l'ampia vallata che gli si apriva di sotto.

Un giorno, improvvisamente, gli apparve un vecchio curvo, vestito di stracci come un mendicante.

— Ho bisogno di una delle tue pecore — gli disse.

— Mi dispiace — rispose Giovannino — ma io non te la posso dare.

Come se non avesse parlato! L'uomo afferrò una pecora e se la mise sotto il braccio. Al posto della pecora gli lasciò un cane. Era un animale grande e grosso che diede a Giovannino una

Il pastore Giovannino

leccata sul viso in segno di simpatia. Ma il ragazzo non lo degnò di uno sguardo. Era disperato a causa del furto della pecora.

Quando di sera lo disse alla madre, questa andò su tutte le furie e lo batté, mandandolo a letto senza cena.

La mattina dopo Giovannino portò le pecore non sugli alti prati, bensí nella valle. Temeva, infatti, che l'uomo sarebbe tornato. Quando il sole fu alto nel cielo ecco che riapparve l'uomo che, senza dire una parola, afferrò una delle due pecore e si dileguò. Al posto della pecora lasciò un secondo cane, uguale identico al primo.

Giovannino pianse calde lacrime, ma, venuta sera, altro non gli rimase che tornare a casa. E qui di nuovo la madre lo batté e lo mandò a letto senza cena.

Il terzo giorno Giovannino ripartì con la sola pecora rimasta. Con essa andò nel bosco fitto, sicuro che il vecchio non lo avrebbe trovato. E invece di nuovo il vecchio ricomparve, gli prese la pecora e gli lasciò un cane. Giovannino lo inseguì supplicandolo:
— La prego, non mi porti via anche questa! Senza pecore moriremo di fame.

L'uomo per la prima volta fu gentile:

— So, Giovannino, che ti metto in difficoltà, ma io ho bisogno delle tue pecore. Comunque vedrai che questi cani ti saranno utili assai più delle tue pecore.

Che fare adesso? Non gli restava che tornare a casa dove la madre lo batté più forte che mai, e per la terza volta Giovannino andò a letto senza cena.

Da questo momento in poi la sua vita cambiò: niente più pecore da portare al pascolo, ma qualche lavoretto in paese e soprattutto tanta solitudine, perché nessuno nella sua famiglia gli rivolgeva più la parola. Del resto mai i suoi genitori gli avevano mostrato affetto: per loro era solo il pastorello che si occupava delle pecore. E adesso che le pecore non c'erano più, era completamente lasciato a se stesso.

Così, un giorno, Giovannino decise di partire, di andare alla ventura.

Cammina cammina, arrivò in una città a lutto. Tutte le persone che Giovannino incontrava erano vestite di nero e avevano la faccia triste.

— Che cosa sta succedendo? — chiese Giovannino a una donna.

— Questa città è colpita da tempo da una grande sventura — rispose la donna. — Una sventura che ha origine in quel bosco lassù… — e gli indicò un bosco sopra il paese. — Là vive un serpente maledetto con cinque teste che ogni giorno chiede un cristiano per divorarselo.

— Oh perbacco! Questa è una cosa davvero terribile!

— Sì, terribile. Tanto più che per domani all'alba il mostro ha voluto la figlia del re, la fanciulla più bella e più nobile che si possa immaginare…

Il pastore Giovannino

Era ancora notte quando Giovannino lasciò la città e salì su verso il bosco indicato dalla donna.

Qui, arrivato in una radura, vide una ragazza in ginocchio che pregava e piangeva.

— Cosa fai qui? — le chiese il ragazzo.

— Sto aspettando l'alba — rispose lei. — Allora uscirà il serpente a cinque teste e mi mangerà. Ma tu devi andartene. Se ti vede, divorerà anche te.

Giovannino però non si mosse. Intanto i suoi tre bei cani, che avevano intuito il pericolo, ringhiavano minacciosi.

Venne l'alba e il serpente uscì dal bosco sibilando. Era un serpente enorme, lungo più di cinque metri, e dal suo corpo viscido si dipartivano cinque teste. Da una di queste uscì una voce sibilante:

— Oh guarda guarda… Oggi non ho uno, ma cinque bocconcini.

Subito Giovannino gridò ai cani:

— Avanti, sbranate quel mostro! Forza!

I cani gli si avventarono contro. Saltarono sul mostro azzannandogli le teste. Ma appena avevano staccato una testa, questa rispuntava come per magia. Cinque volte gli staccarono ogni testa e cinque volte ricrebbe, finché il mostro cadde a terra e restò immobile. I cani portarono al padrone le teste e la fanciulla fu salva.

— Oh, mio eroe! — esclamò lei gettandogli le braccia al collo.

Giovannino tornò con la principessa in città. In un sacco aveva le cinque teste del serpente che furono mostrate ai cittadini e anche al re che gli diede sua figlia in sposa.

Giovannino e la principessa vissero felici e contenti. Insieme ai cani, naturalmente, che vissero per molti anni.

Scopriamo la geografia

Il territorio dell'Abruzzo è prevalentemente montuoso e collinare; in questa regione infatti si trovano i gruppi montuosi più imponenti dell'Appennino. La parte orientale della regione è bagnata dal mare Adriatico.

In Abruzzo è rilevante il settore primario: agricoltura e allevamento di bestiame; il turismo, sia invernale sia estivo, rappresenta una risorsa importante. È una delle regioni più sviluppate del Mezzogiorno, la seconda dopo la Puglia.

Dal dicembre 2008, e ancora per diversi mesi, un terremoto di forte intensità ha colpito la città de L'Aquila e la sua provincia, causando distruzioni e morti.

superficie: 10.794 km²

popolazione: 1.337.890 abitanti

capoluogo: L'Aquila

Una copertura provvisoria di una parte del tetto, crollato durante il terremoto, ha permesso di riaprire la basilica di Collemaggio a L'Aquila per la messa di Natale 2009.

Tipico... dell'Abruzzo

Gregge al pascolo e l'orso marsicano protetto
nel Parco Nazionale d'Abruzzo.

Giovannino è un pastore che conduce le sue tre pecorelle sui pascoli. Quella della pastorizia è un'attività ancora praticata nella regione dell'Abruzzo.

Si pensa che addirittura già nella preistoria la pastorizia fosse praticata nella regione abruzzese, per lungo tempo essa è stata una delle risorse principali per gli abitanti di queste regioni.

Le sue vallate, i suoi grandi e brulli altipiani (pensa alla montagna dall'erba rada sui cui Giovannino porta la prima volta le pecore), le pendici sassose sono stati l'ambiente ideale per le greggi e i pastori.

I pascoli, così come alcune coltivazioni, si estendono in aree protette in armonia con le grandi foreste di latifoglie. In Abruzzo vi si trova uno dei più famosi parchi italiani: il Parco Nazionale d'Abruzzo, una vastissima area che salvaguarda la natura, dove possono vivere protetti una grande varietà di animali, tra cui alcuni estinti altrove: il lupo e l'orso marsicano.

Leggere e comprendere

1. **Scegli con una X la giusta alternativa.**

1. Chi era Giovannino?
   - **a.** ☐ Un suonatore di zufolo
   - **b.** ☐ Un pastorello

2. Che cosa gli prende il vecchio?
   - **a.** ☐ Tutte e tre le pecore
   - **b.** ☐ Una pecora

3. Che cosa gli lascia in cambio?
   - **a.** ☐ Uno zufolo
   - **b.** ☐ Tre cani

4. Perché Giovannino se ne va di casa?
   - **a.** ☐ Perché pensa di poter fare fortuna in un paese straniero
   - **b.** ☐ Perché nessuno in famiglia gli dimostra affetto

5. Che cosa accade nel paese in cui arriva Giovannino?
   - **a.** ☐ Le persone sono felici a causa della magia di una fata.
   - **b.** ☐ Le persone sono tristi a causa di un mostruoso serpente.

6. Chi salva Giovannino dal serpente?
   - **a.** ☐ Una fata
   - **b.** ☐ Una principessa

7. Com'è il serpente?
   - **a.** ☐ Sputa fuoco
   - **b.** ☐ Ha cinque teste

8. Chi aiuta Giovannino a sconfiggere il mostro?
   - **a.** ☐ I tre cani
   - **b.** ☐ Un drago

9. Che cosa fa Giovannino alla fine?
   - **a.** ☐ Sposa la ragazza che ha salvato
   - **b.** ☐ Diventa un cavaliere

Ciccio di Viggiano

C'era una volta una famiglia povera povera che viveva in una misera capannina. Il papà era morto e ora la mamma e i due figlioletti non sapevano come cavarsela. La campagna era secca e brulla[1], non avevano pecore né animali, insomma la povertà e la fame li opprimevano.

Un giorno che la fame era più forte che mai e la tristezza regnava nella casetta, i due ragazzini, Frungillo e Menicuzzo, andarono a sedersi sulla soglia di casa e, per far passare il tempo e non pensare alla fame, sognavano. Sognavano carriole d'oro piene di patate fumanti, colline e montagne di formaggio pecorino, una piccola casa fatta tutta di zucchero.

— Chissà... — diceva Menicuzzo — forse un giorno potremo avere queste cose.

— Chissà... — diceva Frungillo.

1. **Brulla** : spoglia di vegetazione.

Ciccio di Viggiano

Perché a tutti e due piaceva pensare che i loro sogni sarebbero diventati realtà.

Era ormai quasi mezzogiorno quando passò davanti alla loro casa un signore anziano dal volto rugoso, ma con gli occhi svegli e ardenti. Portava a tracolla una chitarra e aveva in mano un flauto. Sulle spalle teneva un grosso sacco gonfio che i bambini guardavano pieni di speranza.

— Io sono Ciccio e sono un amico del vostro povero padre — disse l'uomo sorridendo. — Vengo da Viggiano. È un paese non lontano da qui. Ci siete mai stati?

I ragazzi scossero la testa. In tutta la loro vita avevano fatto un solo viaggio ed era stato al paese vicino che distava pochi minuti. Non avevano soldi per mangiare, figuriamoci per viaggiare!

— È stato vostro padre che mi ha affidato questi strumenti — continuò l'uomo.

— Nostro padre non è sempre stato povero quindi? — chiese Menicuzzo.

— Certo che no! — rispose l'uomo. — Quando si sposò egli aveva abbastanza denari per comprarsi questa capanna dove ancora vivete. E io... in questi anni mi sono fatto un bel gruzzolo e ora aiuterò voi!

Detto questo, prese dal sacco che portava sulle spalle una grossa pagnotta a forma di ciambella guarnita di uova sode e la diede alla donna.

— Grazie, signore — disse questa che gli rivolse uno sguardo pieno di commozione e di gratitudine. — La ringraziamo per la sua generosità. Finalmente qualcuno pensa ai miei figli...

— Mio dovere — rispose l'uomo che a questo punto cominciò a suonare.

Suonava canzoni popolari, arie allegre e spensierate, mentre i ragazzi lo ascoltavano come incantati. Ed erano così presi che, nonostante la fame, si dimenticarono di mangiare il pane.

— Siete dei veri lucani! — esclamò l'uomo. — Avete la musica nel sangue.

— Sì, signore — risposero i due ragazzi. — La musica ci piace più di ogni altra cosa.

— Adesso vi darò questi strumenti e vi insegnerò a suonarli — disse Ciccio. — Così anche voi potrete girare il mondo a cantare e suonare, portare alla gente di ogni paese allegria e serenità. Chi ascolterà la vostra musica dimenticherà la fatica e le preoccupazioni come voi adesso dimenticate la fame. Vedrete che coloro a cui porterete la musica si dimostreranno generosi con voi e tornerete a casa con denaro e regali per la vostra mamma.

E così fu. I due ragazzi divennero musici e portarono musica e allegria in tutto il mondo.

Scopriamo la geografia

La Basilicata, chiamata anche Lucania, è una regione dell'Italia meridionale. Il suo territorio è prevalentemente montuoso e collinare, caratterizzato dalle *gravine*, profonde fenditure nella roccia scavate dalle acque dei fiumi. La regione si affaccia sul mar Ionio e per un breve tratto sul mar Tirreno.

L'economia della Basilicata si basa essenzialmente sul settore terziario; anche l'agricoltura costituisce un'importante risorsa. Il settore turistico è ancora poco sviluppato rispetto ad altre regioni del Mezzogiorno, nonostante le attrattive (sia naturali sia culturali) della regione.

superficie: 9.995 km²

popolazione: 589.080 abitanti

capoluogo: Potenza

Un'area del territorio della Basilicata caratterizzata dalle gravine.

Tipico... della Basilicata

Uno scorcio del paese di Viggiano.

Ciccio, il vecchio di Viggiano che si presenta alla capanna della famiglia, è un musico, che racconta di aver viaggiato in tutto il mondo a suonare e cantare.

La tradizione dei suonatori ha le sue radici nel lontano passato di questa regione. Ancora adesso la musica tradizionale è tenacemente radicata in alcune aree lucane. Particolarmente famosa in questo senso è proprio la località di Viggiano da cui proviene Ciccio.

I musicanti "Viggianesi", tuttavia, pur condividendo con i musicanti di altre località e regioni la strada e la piazza, l'emigrazione e i lunghi viaggi, si differenziavano perché, oltre ai violini e ai flauti, adoperavano anche l'arpa da essi stessi costruita. Tra l'Ottocento e il Novecento i musicanti di strada raggiunsero le maggiori città d'Europa e gli Stati Uniti. Numerose fotografie inviate da Londra e dagli Stati Uniti attestano che la musica dei Viggianesi si era diffusa ovunque.

Musicanti di strada lucani nel 1920 a Londra.

Leggere e comprendere

1 Metti in ordine cronologico le sequenze della fiaba.

2 Il racconto comincia descrivendo una situazione triste e desolata.
Com'è la conclusione?

....
....
....
....
....
....
....
....

FIABA DELLA **CALABRIA**

I tre orfani

In un piccolo paese della Calabria, non lontano dai monti erti[1] e boscosi, vivevano tre ragazzi. Erano soli perché sia la madre che il padre erano morti. Un giorno il fratello maggiore decise di partire a cercare fortuna. Arrivò in una città e qui prese a gridare per la strada:

— Chi mi vuole per garzone[2]? Chi vuole essere il mio padrone?

Gridò, gridò fino a che un signore si affacciò dal balcone di una casa tanto bella e lussuosa da sembrare un palazzo e gli disse:

— Io ti voglio come garzone ma desidero da te assoluta ubbidienza.

— E l'avrà, signore.

---

1. **Erti** : ripidi.
2. **Garzone** : è l'addetto ai lavori più semplici in una bottega.

I tre orfani

— Voglio metterti alla prova — disse l'uomo. — Vieni domattina qui davanti.

Il ragazzo ubbidì. Il giorno dopo era davanti al palazzo del signore, che gli diede una lettera dicendo:

— Devi portare questa lettera a una persona. Non ti devi preoccupare del luogo. Il tuo cavallo sa dove andare. Semplicemente lascialo galoppare senza toccare le redini.

— D'accordo — fece il ragazzo e partì al gran galoppo.

Galoppa e galoppa, il cavallo cominciò a salire su un monte. Quando arrivò in cima, si trovarono sulla china[3] di un burrone[4]. Il ragazzo ebbe paura, tirò le redini del cavallo e tornò indietro. Quando il padrone lo vide arrivare, andò in collera.

— E tu mi avevi detto che mi avresti mostrato totale obbedienza! Invece non hai consegnato la lettera. Ma egualmente ti darò il tuo compenso — disse indicandogli un mucchio di monete nel salone.

Il ragazzo non si fece pregare. Si riempì le tasche di monete e montò sul cavallo che il signore gli aveva messo a disposizione. L'animale partì al gran galoppo e lo trascinò al burrone di prima dove cavallo e ragazzo caddero dentro. Il ragazzo precipitò diritto all'inferno e il cavallo tornò dal signore.

Passarono i giorni e il secondo fratello, non vedendo tornare il maggiore, decise di partire.

Arrivato nella stessa città in cui si era trovato il fratello, incontrò il signore della bella casa, che gli offrì lo stesso lavoro che aveva proposto al fratello.

---

3. **China** : terreno in pendio.
4. **Burrone** : profondo dislivello del terreno con pareti molto ripide.

La mattina dopo il ragazzo partì al gran galoppo e anche lui, una volta giunto sul ciglio del burrone, tornò indietro.

Il signore si infuriò, di nuovo però si offrì di compensarlo per ciò che non aveva fatto. Il ragazzo si riempì le tasche di denari e ripartì con il cavallo datogli dal signore. Ma neppure lui riuscì a governare l'irrequieto destriero[5] che lo portò al burrone. Insieme caddero. Il ragazzo giù giù all'inferno, il cavallo invece galoppò fino a casa del signore.

Vedendo che nessuno dei suoi fratelli tornava, il fratello più piccolo si decise a partire.

Anche lui giunse nella stessa città, gridò ciò che avevano gridato i fratelli, anche a lui lo stesso signore chiese totale obbedienza e il ragazzino gliela promise.

Partì baldanzoso[6] a cavallo come avevano fatto i fratelli e ar-

5. **Destriero** : cavallo di razza.   6. **Baldanzoso** : spavaldo, sicuro.

I tre orfani

rivò sul bordo del burrone. Esitò, tremante perché quell'abisso gli faceva una gran paura, ma poi decise di obbedire.

— Confido in Dio — mormorò.

Chiuse gli occhi e, quando li riaprì, era già dall'altra parte.

Galoppa galoppa, arrivò a un fiume grande come un mare. "Qui rischio di annegare" pensò "ma ho fede in Dio."

Chiuse gli occhi e in un baleno fu sull'altra sponda.

Galoppa galoppa, arrivò a un ruscello rosso come il sangue che cadeva a cascata da un'erta montagna. Esitò ma solo un secondo.

— Dio, aiutami! — mormorò.

E vide l'acqua spartirsi davanti agli zoccoli del cavallo che avanzava.

Galoppa galoppa, arrivò a un bosco tanto fitto che non ci sarebbe passato neppure un uccellino.

— Dio, non abbandonarmi! — mormorò il ragazzo ed entrò nel bosco.

Il bosco non era intricato come si era aspettato, anzi, il cavallo vi passò sereno.

Galoppa galoppa, arrivò a un arco di fuoco. Due leoni stavano ai fianchi di quest'arco, uno da una parte, uno dall'altra.

— Qui mi brucio vivo — si disse il ragazzo. — Ma so che Dio mi aiuterà ancora.

Ed ecco che, come per magia, si trovò dall'altra parte del cerchio di fuoco. Indenne.

Galoppa galoppa, arrivò a una collina. Su questa collina stava una donna inginocchiata davanti a una pietra. Pregava con lo sguardo rivolto al cielo. Qui il cavallo si arrestò all'improvviso. A lei il ragazzo diede la lettera che ella prese sorridendo. Il cavallo ricondusse indietro il ragazzo in un lampo.

— Bravo ragazzo — gli disse il signore. — Hai obbedito ai miei ordini e non hai avuto paura. Bisogna avere fede in se stessi, negli altri e soprattutto nel Signore. Prendi dal mucchio quanti denari vuoi!

Ma il ragazzo volle soltanto un marengo[7].

— Non merito di più — disse con umiltà.

— Meriti molto di più, invece. Ma va' pure. Sarai comunque ricompensato.

Il ragazzo se ne andò con quell'unico marengo che gli servì per il cibo. Quando mise la mano nella tasca della sua giacchetta lo ritrovò lì, e vi rimase sempre perché ogni volta che lo spendeva ricompariva come per magia.

Così visse felice e contento.

---

7. **Marengo** : moneta usata in passato.

Scopriamo la geografia

Il territorio della Calabria è prevalentemente montuoso e collinare; le pianure ne occupano solo una minima parte. La regione si affaccia sul mar Tirreno con coste rocciose e sul mar Ionio con una costa bassa e sabbiosa. L'economia si basa sull'agricoltura: le principali coltivazioni sono quelle dell'ulivo e degli agrumi di cui è la seconda produttrice dopo la Sicilia.

L'apparato industriale consiste principalmente in piccole imprese nei settori tradizionali, specialmente in quello ali-

superficie: 15.082 km²

popolazione: 2.009.252 abitanti

capoluogo: Catanzaro

mentare. In Calabria vivono delle minoranze linguistiche, tra cui la più rilevante è quella albanese, presente in 33 comuni. La Calabria ha vissuto per molti decenni il fenomeno dell'emigrazione e ancora oggi rimane molto alto il tasso di disoccupazione.

La costa di Capo Vaticano.

Tipico... della Calabria

La fiaba è ambientata nella zona interna della Calabria, in particolare nella Sila che si trova nella parte settentrionale della regione tra le province di Cosenza, Crotone e Catanzaro. La Sila è occupata per gran parte dal Parco Nazionale della Sila, nato nel 2002, che ingloba i territori dello storico Parco Nazionale della Calabria istituito nel 1968.

Al tempo in cui è stata scritta questa fiaba il Parco Nazionale della Sila ancora non esisteva, ma il paesaggio è rimasto lo stesso: altipiani con burroni come quello che i protagonisti della fiaba si trovano davanti; ripide salite e discese; fitte foreste di pini, larici e faggi, alcuni addirittura centenari; corsi d'acqua impetuosi come quelli che il terzo dei fratelli deve attraversare.

Paesaggio tipico della Sila: boschi di larici e torrenti.

Leggere e comprendere

1 **Scegli con una X la risposta corretta.**

1. I protagonisti sono
   - **a.** ☐ un padre e i suoi due figli.
   - **b.** ☐ tre ragazzi.

2. I protagonisti partono
   - **a.** ☐ per salvare una principessa.
   - **b.** ☐ per cercare fortuna.

3. Il signore che li prende come garzoni chiede loro
   - **a.** ☐ una pietra preziosa.
   - **b.** ☐ ubbidienza.

4. L'animale magico è
   - **a.** ☐ un cavallo normale.
   - **b.** ☐ un cavallo alato.

5. I ragazzi devono consegnare
   - **a.** ☐ una lettera.
   - **b.** ☐ una colomba.

6. La devono consegnare
   - **a.** ☐ a una regina.
   - **b.** ☐ a una signora.

2 **Quali sono gli ostacoli che il terzo dei ragazzi deve affrontare?**

Il burrone, ...

....

Di questa fiaba c'è anche un'interpretazione religiosa secondo cui il burrone, che è il primo ostacolo, rappresenta la cascata dell'inferno; il fiume grande come il mare che il terzo fratello deve attraversare simboleggia le lacrime della Madonna; il ruscello rosso come il sangue può essere visto come un riferimento al sangue delle cinque piaghe del Signore; il bosco fitto, potrebbe rappresentare le spine della corona di Gesù Cristo; l'arco di fuoco attraverso cui deve passare, simboleggia l'ingresso all'inferno, i leoni che stanno a fianco dell'arco potrebbero essere i suoi due fratelli che si trovano all'inferno, infine la donna inginocchiata potrebbe rappresentare la Madonna.

L'uccello Grifone

C'era una volta un re. Un giorno, mentre stava cacciando, una spina gli si infilò in un occhio e lo rese cieco.

Nessun dottore seppe guarirlo. Ma una maga, giunta a corte, gli disse:

— Solo una cosa vi può aiutare a recuperare la vista, maestà, e questo qualcosa è la penna dell'uccello Grifone.

Il re chiamò a sé i suoi tre figli: Cicco, Papa e Peppiniello.

— Figli miei — disse loro — chi di voi mi porterà la penna dell'uccello Grifone avrà la mia corona e diventerà re.

I tre figli si misero subito in cammino alla ricerca dell'uccello Grifone.

Cammina cammina, arrivarono a un punto in cui la via si diramava in quattro piccole strade.

Cicco imboccò la strada che conduceva alla pianura, Papa

L'uccello Grifone

quella che portava al mare, infine Peppiniello si diresse verso i monti.

Prima di separarsi i tre fratelli si diedero appuntamento per tre settimane dopo.

Peppiniello cominciò a salire verso la cima della montagna. Mentre saliva, un vecchino, piccolo e curvo, gli apparve improvvisamente.

— Ragazzo, che cosa cerchi?

Il principino spiegò che stava cercando una penna dell'uccello Grifone per guarire il padre.

— Capisco — disse allora il vecchietto. — Allora fai così: prosegui il tuo cammino. Presto ti troverai in una radura e qui vedrai tre uccelli. Prendi questi chicchi di granturco e gettali davanti a loro che si avventeranno a mangiarli! Tra questi uccelli c'è l'uccello Grifone. Ricordati che è quello che sta in mezzo.

Peppiniello camminò fino alla radura e qui vide gli uccelli tra cui c'era anche l'uccello Grifone. Svelto svelto gli strappò la penna. Poi si recò al luogo dell'appuntamento con i suoi due fratelli. Ma prima nascose la penna in una scarpa perché aveva paura che gliela rubassero.

Quando incontrò Cicco e Papa, questi dissero:

— Non abbiamo trovato quel maledetto uccello. L'hai forse trovato tu?

— No, assolutamente no — rispose lui.

Ma lo disse con una voce strana, così che i due fratelli subito sospettarono che non dicesse la verità. Così lo perquisirono dalla testa ai piedi e frugarono anche nelle scarpe. Qui trovarono la penna.

L'uccello Grifone

Papa e Cicco andarono su tutte le furie. Gridarono, lo insultarono, poi lo colpirono con una mazza e lo uccisero. Dopo averlo seppellito sotto una pianta di castagno, tornarono dal padre con la penna.

— Padre — dissero — abbiamo trovato la penna con cui possiamo guarirti.

— E Peppiniello? — chiese il padre. — Dov'è?

— Non c'è più. L'uccello Grifone lo ha assalito e lo ha ucciso.

— Oh, povero me! Cosa me ne faccio della penna se non ho più un figlio e il figlio che amavo di più per giunta!

I due fratelli si guardarono: sapevano che Peppiniello era il favorito del padre, e loro erano sempre stati invidiosi, anche per questo lo avevano ucciso.

Con la penna toccarono gli occhi del re, e lui riacquistò la vista istantaneamente.

Ma il re aveva ancora una spina, non dentro ai suoi occhi bensì nel suo cuore, a causa della morte della sua creatura.

Passarono i mesi e gli anni.

Un giorno un porcaio, un giovane povero ma onesto, si trovò a pascolare i suoi maiali proprio vicino al castagno sotto cui i fratelli avevano seppellito Peppiniello. Il suo cane scavò dove era sepolto il figlio del re e tirò fuori tutte le ossa. Con una di queste ossa il porcaio si costruì un flauto.

Appena vi soffiò dentro, uscì una voce:

Fanciulletto che in bocca mi tieni,
suona e suona e non mi lasciare!
Per una futile penna d'uccello
mi ha tradito l'uno e l'altro fratello.

Fiaba della **Campania**

Ogni volta che il porcaio prendeva in bocca il flauto, usciva la voce che pronunciava queste parole.

Un giorno portò i suoi maiali a pascere in un prato vicino alla corte del re.

Il re passò vicino a lui mentre suonava e sentì quella voce e le parole che pronunciava. Ordinò ai suoi uomini di portare il porcaio al suo cospetto.

— Vorrei che tu suonassi il tuo flauto qui davanti a me — gli disse.

Il porcaio ubbidì. Di nuovo uscì la voce che ripeté le stesse parole.

— Questa è la voce del mio figliolo! — esclamò il re. — Dimmi: dove hai trovato questo flauto?

— L'ho fabbricato io con delle ossa che ho trovato sotto un castagno.

Il re prese il flauto dalle mani del porcaio e cominciò a suonarlo.

Uscì la stessa voce che pronunciò parole diverse:

> *Padre mio, che in bocca mi tieni,*
> *suona e suona e non mi lasciare!*
> *Per una penna d'uccello Grifone*
> *mi hanno tradito il fratellino e il fratellone.*

A questo punto il re chiamò Cicco, il figlio maggiore.

— Voglio che tu suoni questo flauto! — gli ordinò.

Il giovane prese a suonare il flauto. E di nuovo uscì la voce del ragazzo che accusava i fratelli di averlo ucciso.

Venuto così a conoscenza della verità, il re cacciò i suoi figli, e diede al piccolo porcaio il regno e la corona.

Scopriamo la geografia

La Campania è la seconda regione più popolosa d'Italia dopo la Lombardia. In particolare, l'area metropolitana di Napoli è quella con la massima densità di popolazione in Italia. Il territorio della regione è prevalentemente collinare, la zona montuosa è rappresentata dall'Appennino Campano, mentre la pianura è concentrata alla foce dei fiumi Volturno e Sele. L'economia della regione si basa essenzialmente sul settore terziario, mentre le attività agricole e industriali occupano meno di un terzo della popolazione. La Campania offre al turismo splendidi paesaggi, siti archeologici come Pompei e città d'arte.

superficie: 13.595 km²

popolazione: 5.820.795 abitanti

capoluogo: Napoli

I faraglioni di Capri.

Tipico... della Campania

Il sito archeologico di Pompei con il Vesuvio sullo sfondo.

Cicco, Papa e Peppiniello prendono strade diverse che li conducono in tre luoghi diversi: pianura, collina e montagna. Questo è infatti il paesaggio della Campania, molto diverso e variato: c'è il mare, la pianura e la zona montuosa. Il mare costituisce un elemento molto importante nel panorama campano con la sua splendida costa piena di insenature, golfi (la costiera amalfitana e il golfo di Sorrento), grotte e scogliere.

La pianura consiste nelle grandi piane create dai fiumi. La zona collinare, di origine vulcanica, si estende soprattutto intorno al golfo di Napoli dove si trova il Vesuvio, uno dei maggiori vulcani attivi in Europa. Infine la zona montuosa è costituita dai rilievi di varie altezze dell'Appennino Campano.

La Grotta Azzurra a Capri.

Leggere e comprendere

1 **Leggi queste frasi e mettile nell'ordine giusto per costruire una sintesi della fiaba.**

- [ ] Il re cieco può recuperare la vista grazie a una penna dell'uccello Grifone.

- [ ] Il re punisce i due figli e dona il regno al porcaio.

- [ ] Il ragazzo più piccolo incontra un vecchietto che gli suggerisce il mezzo per recuperare la penna dell'uccello Grifone.

- [ ] Il re chiede ai tre figli di recuperare la penna promettendo la corona.

- [ ] Un porcaio costruisce con le ossa di Peppiniello un flauto che, quando suona, fa uscire la voce del ragazzo.

- [ ] I tre figli si incamminano scegliendo strade diverse.

- [ ] I fratelli si incontrano e Cicco e Papa uccidono Peppiniello per rubargli la penna, che era riuscito a prendere.

2 **Vero o falso?**

a. [ ] Il porcaio trova le ossa sotto un albero.

b. [ ] Con le ossa il porcaio si fabbrica un flauto.

c. [ ] Dal flauto esce la voce di un mago.

d. [ ] Il re capisce l'inganno dei due fratelli maggiori.

e. [ ] Il re si ritira lontano e lascia loro la corona.

f. [ ] I tre fratelli si aiutano nell'impresa.

g. [ ] Il mezzo magico che consente di dare la vista al re è una penna dell'uccello Grifone.

h. [ ] Peppiniello è aiutato da una vecchina.

3 **Come finisce la fiaba?**

a. [ ] In modo drammatico: Il re fa uccidere i suoi figli.

b. [ ] In modo positivo: il re perdona i suoi figli e lascia che governino.

c. [ ] In modo prevedibile: il re fa cacciare i suoi figli

4 **E tu? Che cosa avresti fatto al posto del re? Avresti perdonato i figli oppure li avresti puniti?**

La fiaba di Ohimè

C'erano una volta due ragazze: una si chiamava Maria e l'altra Lisa. Vivevano in un paesello sperduto nella campagna. Maria era bella e buona, Lisa invece era cattiva e brutta.

Maria abitava con il papà, buono ma povero, mentre Lisa abitava con la mamma, anch'ella povera, e malvagia, proprio come Lisa. Spesso le due ragazze, per sostenere la famiglia, andavano per la campagna a raccogliere un po' d'erba sui fossi e legna nei boschi.

Un giorno Maria decise di avventurarsi nel bosco vicino alla sua casa per cercare radicchi. Qui, dopo un lungo cammino, finalmente trovò un radicchio, talmente grosso che non riusciva a estrarlo dal terreno. Tira tira, infine vi riuscì. Tanto sforzo aveva fatto per estrarlo dal terreno che cadde in terra con il radicchio in mano. E mentre cadeva sentì una voce che diceva:

– Ohimè!

La fiaba di Ohimè

Guardò il radicchio, da sotto il quale spuntò un grosso rospo, dall'aspetto orrendo, con due occhi verdastri che sporgevano e la bocca viscida.

— Non devi avere paura di me, Maria! — disse il rospo. — Tienimi con te, e se ti prenderai cura di me, vedrai che farò la tua fortuna. Se però mi trascurerai, allora devi stare attenta perché ti capiteranno delle sventure.

Maria prese il rospo, lo depose nel paniere sotto il radicchio e tornò a casa. A casa, il papà di Maria, povero e triste, stava seduto davanti al caminetto, ma Maria vide che non c'era legna.

— Adesso vado a prenderla io — disse la ragazza.

Appena uscita, mise Ohimè in una bella cassetta, gli diede da mangiare e poi salì in soffitta per cercare la legna da mettere nel caminetto. E potete immaginarvi il suo stupore quando vide che la soffitta era piena di legna da ardere! Subito ne prese una bracciata e la portò al padre. Questi rimase a bocca aperta per lo stupore.

Il giorno dopo scoppiò un terribile temporale: tuoni e lampi e tanta pioggia. Quando il papà di Maria sentì bussare alla porta, aprì e si trovò davanti un bel giovane con il fucile a tracolla.

— Sono il figlio del Re — disse. — Sono stato sorpreso dal temporale mentre andavo a caccia. Potrei chiederle ospitalità finché il temporale non cessa?

— Ma sicuramente — rispose il papà di Maria. — Si metta a sedere davanti al fuoco, così si asciuga un po'.

Il principe stava per sedersi ma in quel momento apparve Maria. Quando il principe la vide con i suoi capelli biondi sciolti sulle spalle, tanto lunghi che le coprivano tutto il corpo e gli occhi che brillavano come diamanti, subito se ne innamorò, e chiese al padre la sua mano. Il vecchio subito gliela concesse e in capo a otto giorni tutto era pronto per lo sposalizio. Ohimè aveva preparato per Maria un corredo che mai se ne era visto uno più bello.

Maria era felice tanto quanto Lisa era infelice e stizzita, la ragazza però non faceva in nessun modo trasparire la sua rabbia. Il giorno del matrimonio Maria, che era tutta coperta da veli, Lisa e la madre di Lisa partirono da casa di Maria in una carrozza. Lisa però, a un certo punto, fece fermare la carrozza dicendo che si sentiva male.

Maria, Lisa, la madre di questa fecero qualche passo nel bosco. Improvvisamente Lisa e la madre si avventarono su Maria:

La fiaba di Ohimè

la spogliarono, la legarono a un albero e Lisa indossò i suoi vestiti, coprendo il viso con dei veli.

Fu così che il giorno stesso il principe, ignaro, non sposò Maria ma Lisa, mentre Maria era legata all'albero nel bosco. Qui ella piangeva dicendo: — Ohimè, Ohimè!

Ed ecco che Ohimè apparve.

— Mi hai trascurato — disse — e hai visto che cosa è successo...

— Oh, mi dispiace, Ohimè, hai ragione. Il fatto è che ero così felice che mi sono dimenticata di te.

— Non dovevi, però ti perdono.

Una volta slegata, Maria continuava a piangere. Era disperata perché aveva perso il suo bel principe. Ma il rospo la consolò e le promise che tutto si sarebbe sistemato.

Passarono diversi giorni in cui Maria e il rospo prepararono il da farsi. Maria riempì un paniere con tanti frutti freschi che portò a palazzo.

Ohimè l'aveva completamente trasformata, così, quando fu invitata nel palazzo per portare la sua frutta, nessuno la riconobbe. La frutta era talmente buona che il principe la invitò a cenare a palazzo con lui e la sua corte.

Quando l'arrosto fu portato in tavola, Maria fece ciò che il rospo le aveva detto: fece cadere la forcina, si chinò per raccoglierla e quando tornò a sedersi, era tornata bella come il giorno in cui il principe l'aveva vista per la prima volta.

Appena la vide, il principe gridò:

— Ecco la mia Maria! Cacciate quella truffatrice che ha osato spacciarsi per la mia vera sposa!

E così Lisa e sua madre furono cacciate, Maria, il principe e il rospo Ohimè vissero per tanto tempo felici e contenti e Maria non si scordò mai più di prendersi cura del suo magico rospo.

Scopriamo la geografia

L'Emilia Romagna è bagnata a est dal mar Adriatico, ed è perlopiù pianeggiante. Il resto del suo territorio è occupato da colline e pianure. L'Emilia Romagna è una delle regioni più ricche d'Italia; la sua economia, infatti, è molto sviluppata e si basa sul settore industriale e terziario. Importanti, però, sono anche l'agricoltura e l'allevamento di bovini e suini. Una grande risorsa è rappresentata dal turismo: la riviera romagnola, con Rimini, Riccione e molti altri centri, richiama ogni anno

superficie: 22.400 km²

popolazione:
4.366.448 abitanti

capoluogo: Bologna

molti turisti italiani e stranieri, soprattutto in estate. Anche altre città sono famose per le loro ricchezze artistiche.

La tipica spiaggia della riviera romagnola.

Tipico...
dell'Emilia Romagna

Non è un caso che in questa fiaba il cibo sia un elemento importante: le due ragazze vanno nel bosco a cercare il radicchio, Maria porta dei frutti alla corte del re, nel palazzo si fanno laute cene. In Emilia Romagna il settore agro-alimentare è tra i più produttivi, soprattutto nelle zone di Parma, Reggio e Modena. La regione è famosa per i suoi cibi (salumi e Parmigiano Reggiano) e i suoi piatti tipici; per molti rappresenta la regione del "mangiar bene" con i tortellini, le lasagne, la piadina e tante altre specialità.

La campagna emiliana.

Leggere e comprendere

1 **Completa la sintesi della fiaba.**

Le protagoniste di questa fiaba, Maria e Lisa, vivono ....
Maria è bella e .... Lisa è .... Maria abita
con .... Lisa abita con .... Un giorno Maria
va nel bosco a cercare .... e ne trova uno enorme. Da sotto
di esso spunta .... che si chiama .... ed è
di aspetto .... Questi le chiede di prendersi cura di lui e
se lo farà, lui le porterà .... Un giorno arriva ....
che ....
Ma il giorno del matrimonio Lisa .... e il principe
.... Maria è disperata ma ....
Una volta a palazzo ....

2 **Scegli con una X la giusta alternativa.**

1. Lisa si sostituisce a Maria
   a. ☐ dopo averla uccisa.
   b. ☐ dopo averla legata e spogliata dei suoi abiti.

2. Il rospo ha permesso che questo accadesse perché Maria
   a. ☐ lo ha trascurato.
   b. ☐ è stata cattiva con lui.

3. Il principe sposa
   a. ☐ Lisa.
   b. ☐ Maria.

4. Quando Maria torna a palazzo
   a. ☐ il principe la riconosce subito.
   b. ☐ la riconosce dopo che
   ha raccolto la forcina da terra.

5. Alla fine Maria si sposa e Lisa
   a. ☐ viene punita.
   b. ☐ viene cacciata.

Quaqua, attaccati là

C'era una volta la figlia di un re. Era una ragazza bellissima, ma anche alquanto strana.

Un giorno disse al padre che al mondo non trovava niente di divertente e che non avrebbe mai riso in vita sua.

— E allora facciamo un patto — disse il padre. — Colui che ti farà ridere avrà la tua mano.

— Va bene, padre. Però pongo una condizione. Colui che cercherà di farmi ridere e non ci riuscirà avrà la testa tagliata.

Da quel giorno tanti pretendenti provarono a far ridere la principessa, ma nessuno riuscì e tutti persero la testa. Passarono gli anni e nessuno si presentò più a corte. Tutti credevano che far ridere la fanciulla fosse un'impresa impossibile e del resto nessuno voleva... perdere la testa.

Giunse voce del patto del padre con la principessa anche nel

Fiaba del **Friuli Venezia Giulia**

remoto paese, tra i monti del Friuli, in cui abitava un giovane dal nome Danielino, che era il figlio del ciabattino. Appena sentita la notizia, questi decise di andare alla corte del re e provare a far ridere la principessa. Suo padre si dichiarò contrario, ma a nulla servirono le sue proteste... Danielino partì il giorno dopo.

Prima, però, si fece dare dal padre tre pani, tre soldi e un fiasco di vino.

Sulla strada incontrò una vecchia signora che chiedeva l'elemosina. A lei Danielino diede i suoi pani che ella divorò uno dopo l'altro.

Il ragazzo riprese il suo cammino.

Cammina e cammina, s'imbatté in un'altra vecchia signora che gli chiese soldi per un vestituccio.

Danielino, senza esitare, le diede un soldo e quando lei ne chiese ancora, lui le diede tutti quelli che aveva. E proseguì il suo viaggio.

Cammina e cammina, incontrò un'altra vecchia signora che gli chiese da bere.

Danielino si fermò e la fece bere dal suo fiasco di vino. Lei bevve a grandi sorsi, finché vuotò il fiasco di vino.

Danielino stava per riprendere il suo cammino quando lei lo fermò.

— Aspetta! — disse. — Voglio dirti una cosa: io sono una fata. Le tre donne che hai incontrato e che hai generosamente aiutato sono sempre io. Voglio ricompensarti: prendi questa bell'oca e portala con te. È un'oca magica. Quando qualcuno la tocca fa *quaqua*. E tu devi subito dire "attaccati là".

— D'accordo, lo farò — disse Danielino e riprese il cammino.

Cammina cammina, arrivò a un'osteria. Qui, poiché non

Quaqua, attaccati là

aveva soldi, l'oste voleva cacciarlo, ma le figlie dell'oste lo fecero dormire nel fienile e gli diedero da mangiare.

Danielino si coricò con l'oca accanto. Venne la notte, a un certo punto sentì un rumore: erano le due ragazze che erano venute per rubare l'oca.

La prima aveva già messo la mano sull'oca.

– Quaqua! – strillò questa.

E Danielino: – Attaccati là!

La ragazza rimase con la mano attaccata all'oca. Cercò di staccarla, ma senza riuscire.

La sorella tirò ma non riuscì a staccare l'oca e... rimase attaccata pure lei.

Danielino si alzò e riprese il cammino. Le ragazze protestarono, ma il ragazzo non diede loro retta e si avviò con la sua oca che zampettava di fianco, la ragazza attaccata all'oca, la sorella della ragazza attaccata a lei.

Cammina cammina, incontrarono un prete che vedendole gridò: – Oh svergognate! Cosa fate attaccate a quell'uomo?

Si avvicinò e mise la mano sulla spalla della seconda ragazza ma, neanche a dirlo!, rimase attaccato anche lui.

Si mise a gridare come un ossesso, cercò di staccarsi in ogni modo, ma non vi riuscì.

Danielino, imperterrito[1], continuò il suo viaggio.

Cammina cammina, si imbatté in un calderaio che trascinava un carretto colmo di pentole e gridava:

– Donne, donne!!! Belle pentole e tegami, tutto a buon prezzo, venite a comprare!

---

1. **Imperterrito:** indifferente.

Quaqua, attaccati là

Quando vide Danielino, le due ragazze e il prete, esclamò:

— Ma cosa ci fa il prete in quella posizione? Adesso vado ad aiutarlo.

Mise le mani sui fianchi del prete e cominciò a tirare, ma... rimase attaccato anche lui. Gridò gridò, ma non ci fu niente da fare e fu trascinato insieme agli altri.

Danielino era ormai giunto al termine del suo viaggio. Era sul grande viale che portava alla reggia. Da qui la figlia del re, che stava seduta come sempre sul poggiolo[2], li vide arrivare: il ragazzo, l'oca, la prima ragazza attaccata all'oca, la seconda ragazza attaccata alla prima, il prete attaccato alla ragazza e il calderaio con le sue pentole e tegami attaccato al prete. Appena li scorse, scoppiò in una fragorosa risata.

Il padre che l'aveva sentita ridere subito accorse. Lei gli indicò la scena, ma il re non vide niente perché proprio in quel momento l'oca e tutti quelli che vi erano attaccati sparirono come per incanto.

Rimase soltanto Danielino. Il padre non capiva che cosa avesse fatto ridere tanto la figlia, ma era contento che lei finalmente avesse riso. Chiese ai servitori di occuparsi di Danielino lavandolo e vestendolo da grande signore.

Quando il ragazzo fu portato al cospetto del re e della principessa indossava vestiti da principe, era lavato e pettinato.

— È veramente un giovane molto bello e dall'aspetto nobile — disse la principessa. — Padre, lo voglio sposare.

E fu così che Danielino, figlio del ciabattino, sposò la principessa.

---

2. **Poggiolo:** terrazzino.

Scopriamo la geografia

Il Friuli Venezia Giulia è una regione a statuto speciale come il Trentino Alto Adige, la Sicilia, la Sardegna e la Valle d'Aosta. È formata dal Friuli, la regione storica, e dalla Venezia Giulia, la parte orientale della regione che occupa solo il 4% del territorio e in cui si trova Trieste. Il territorio del Friuli Venezia Giulia è prevalentemente montuoso. La pianura occupa circa il 40% e solo una minima parte è collinare. Nel Friuli Venezia Giulia l'italiano è la lingua ufficiale, accanto a questa lingua,

superficie: 7.845 km²

popolazione: 1.234.224 abitanti

capoluogo: Trieste

tuttavia, si parlano anche altre lingue tra cui il friulano, il tedesco (in alcune zone presso l'Austria) e lo sloveno.

Una veduta delle Alpi Giulie nei pressi di Tarvisio.

Tipico...
del Friuli Venezia Giulia

Ricostruzione di un interno tipico friulano
nel Museo etnografico di Tolmezzo.

In questa fiaba appare la figura del calderaio, che vende padelle e tegami.

Quello del calderaio è uno dei mestieri tipici del Friuli Venezia Giulia ed è antico come quello del ciabattino, del falegname e dello spazzacamino.

I calderai erano abili artigiani che vendevano padelle, bricchi e zuppiere costruiti da loro stessi e si offrivano di riparare e stagnare recipienti e oggetti di ottone e bronzo che le persone portavano loro. Erano ambulanti, cioè si muovevano di luogo in luogo per offrire i loro servizi.

Il calderaio è un mestiere che è sparito nel tempo a causa della produzione industriale e in serie.

50

Il calderaio in una foto
d'epoca.

Leggere e comprendere

1 **Qual è la situazione che dà inizio alla vicenda?**

Niente fa ridere la figlia del re. E il re fa un patto con lei che consiste in

questo: ....

.... Ma la ragazza aggiunge un'altra condizione: se

chi tenterà di farla ridere non riuscirà, ...

2 **Rispondi.**

1. Che cosa dà il padre a Danielino? ....

2. Danielino incontra... Numera nell'ordine giusto.

3. Chi è in realtà la vecchina? ....

4. Qual è il mezzo magico? ....

3 **Chi rimane attaccato all'oca? Indica nell'ordine in cui si presentano.**

....

....

....

4 **Indica il finale della fiaba.**

Berta filava

C'era una volta una signora che si chiamava Berta. Abitava a Roma ed era una povera donna che per guadagnarsi da vivere filava e filava, filava il lino e la lana per sé, la sua famiglia e per tutti coloro che la pagavano.

Berta stava seduta fuori dall'uscio di casa a filare perché la sua casa era tanto piccina che non aveva spazio per lavorarci e qui sentiva ciò che la gente diceva. E la gente, al tempo di Berta, faceva un gran parlare dell'uomo che governava la città. Era un imperatore, era potente ma, secondo quanto tutti dicevano, era spietato e malvagio. Era Nerone.

Berta ascoltava e taceva mentre filava e filava.

Un giorno l'imperatore passò davanti alla sua casa.

— Che voi possiate campare mille anni, imperatore Nerone — gli augurò Berta con la sua vocina sottile.

Nerone si fermò di colpo e con lui tutta la sua scorta.

— Che cosa hai detto? — chiese.

— Ho detto che voi possiate campare mille anni, imperatore.

— Ben poche persone mi hanno fatto questo augurio nella mia vita — fece l'imperatore. — Tanti mi odiano e, invece che augurarmi di campare mille anni, sperano che io non viva per vedere il sole sorgere domani.

Berta che non aveva smesso neppure un secondo di filare disse:

— E fanno male.

— Cosa vuoi dire? — domandò Nerone.

— Vedete, imperatore, io sono abbastanza vecchia per aver vissuto sotto suo nonno e sotto suo padre.

— Ebbene? — fece Nerone curioso.

— Ebbene… i vostri antenati sono stati peggiori e voi…

— E io?

— Voi siete il peggiore.

Nerone era veramente irritato.

— Mi stai dicendo che sono un mostro?

— No, sto solo dicendo — fece Berta che intanto filava e filava imperturbabile — che, dopo uno cattivo, ne viene sempre uno peggiore. Quindi la cosa migliore è che ci teniamo voi per mille anni.

Nerone era perplesso. Guardò la vecchina in volto che, senza togliere le mani dal fuso, gli rivolse un pallido sorriso, poi disse:

— Ascolta, donna! Vedo che lavori con impegno. Continua a lavorare così, e tutto il filato che riuscirai a fare portamelo domani a palazzo.

Berta filava

— Sì, imperatore — disse Berta, che però in cuor suo tremava.

Nerone se ne andò e Berta rimase sola con il suo fuso.

Continuava a lavorare, ma era tormentata da mille pensieri angosciosi.

— Quanto sono stata sciocca! — si disse. — Ho offeso mortalmente l'imperatore, e adesso mi ha chiesto di andare a palazzo per farmi chissà che.

Dopo la sua conversazione erano accorse le sue vicine di casa che avevano sentito tutto. Invece che rassicurarla le fecero sorgere sospetti anche peggiori.

Però, volendo obbedire ai desideri di Nerone continuò a filare. Filò e filò tutta la notte, e il giorno dopo andò al palazzo reale.

Qui fu annunciata all'imperatore.

— Fatela passare! — tuonò lui che era seduto sul trono.

Lei gli si avvicinò timorosa. Sulle braccia reggeva un enorme gomitolo di lino filato.

— Quello è il lino che hai filato? — le chiese l'imperatore.

— Sì, signore — rispose Berta. — Ho lavorato tutta la notte.

— Brava, e per questo sarai ricompensata — disse lui. — Adesso lega un capo del gomitolo alla porta del palazzo e cammina fino a che è lungo il filo.

Berta obbedì all'ordine. Legò il filo alla porta del palazzo, e da lì, attraverso le strade della città,

arrivò fino alla campagna e nella campagna ancora il filo
proseguì per un gran pezzo.

Uno degli assistenti di Nerone era con lei.

Quando il filo fu esaurito, Berta si fermò.

— E adesso? — chiese.

— Adesso — disse l'uomo — per ordine di Nerone, tutto il terreno di qua e di là della strada che hai percorso con il tuo filo ti
appartiene.

— Vuole dire che è... mio?

— Sì, è tuo.

Berta corse a palazzo e ringraziò l'imperatore e da allora visse ricca e contenta. Filava soltanto per passatempo e insegnò
ai suoi nipotini quell'attività che l'aveva resa ricca.

Successe che la voce di ciò che era accaduto a Berta si spar-
se. E tante donne poverelle che abitavano a Roma si recarono a
palazzo nella speranza che anche loro potessero ricevere un
regalo come Berta.

Ma Nerone, che non si capiva bene cosa gli passava per la
testa, diceva a tutte di "no" aggiungendo:

— Non è più il tempo che Berta filava.

Scopriamo la geografia

Il Lazio si trova nell'Italia centrale. Roma, il capoluogo regionale, è anche la capitale dello Stato italiano e quindi vi hanno sede il Parlamento, il Governo e il Presidente della Repubblica. Al suo interno è anche presente il piccolo stato della Città del Vaticano. Il territorio laziale ha una vasta fascia costiera pianeggiante bagnata dal mar Tirreno, seguita da una zona collinare, mentre all'interno si trova l'Appennino. Per quanto riguarda l'economia, fino alla Seconda Guerra Mondiale

superficie: 17.203 km²
popolazione: 5.664.714 abitanti
capoluogo: Roma

l'agricoltura ricopriva un ruolo importante nell'economia della regione, ma adesso il settore dei servizi è quello che ha maggiore rilevanza.

Ponte Vittorio sul Tevere e sullo sfondo Castel Sant'Angelo a Roma.

Tipico... del Lazio

Il Foro Romano costituì il centro commerciale, religioso e politico di Roma.
I resti visibili risalgono al periodo repubblicano e poi imperiale.

Questa fiaba non fa riferimento a una componente paesaggistica della regione, ma a un momento storico preciso, ovvero quello della Roma imperiale. Di esso sono rimaste tante tracce in monumenti, chiese e palazzi che fanno di Roma una delle città più famose del mondo. Il Nerone di cui si parla nella fiaba è un imperatore che, nell'anno 54 d.C., governò Roma per quattordici anni ed è rimasto nella storia per i suoi atti malvagi.

Il Colosseo, usato per gli spettacoli dei gladiatori e altre manifestazioni pubbliche.

Leggere e comprendere

1 **Rispondi.**

1. Che cosa faceva Berta per vivere?
   - **a.** ☐ Lavorava la terra.
   - **b.** ☐ Filava il lino.
   - **c.** ☐ Cuciva.

2. Chi passò un giorno dalla sua casa?
   - **a.** ☐ Un vecchio.
   - **b.** ☐ Un soldato.
   - **c.** ☐ Nerone.

3. Che cosa ordinò l'imperatore a Berta?

....

4. Che cosa accadde dopo che Berta portò il gomitolo a Nerone?
   - **a.** ☐ Venne imprigionata.
   - **b.** ☐ Camminò con il filo per un lungo tratto.
   - **c.** ☐ Ricevette una ricompensa.

5. Come si conclude il racconto?

....

....

....

2 **Secondo te, Berta è una donna sciocca o saggia? Perché?**

....

....

....

3 **Che cosa si intende, secondo te, con la frase "Non è più il tempo che Berta filava"?**

- **a.** ☐ Si è chiusa un'epoca e se ne è aperta un'altra.
- **b.** ☐ Non è più usuale la tradizione di filare il lino a mano.

La matrigna

C'era una volta un oste che era rimasto vedovo e si era risposato con una donna bella ma malvagia. Quest'oste aveva una figlia che era bellissima e di cui la matrigna era invidiosa perché lei, per quanto bella, non riusciva ad eguagliare lo splendore della ragazza.

Così giorno dopo giorno cercava di convincere l'oste a separarsi dalla figlia. L'uomo non voleva perché amava molto la figlia, ma alla fine cedette.

La matrigna

Un giorno invitò la ragazza ad accompagnarlo a raccogliere fiori nei boschi. Cammina cammina, arrivarono a un bosco lontano e qui il padre le chiese di aspettarlo mentre lui andava a raccogliere i fiori.

La ragazza si sedette e aspettò. Passò un'ora, ne passò un'altra, ma il padre non riappariva.

Quando venne sera capì: il padre l'aveva abbandonata.

Fu trovata in mezzo alla foresta da una banda di briganti. Questi, sebbene fossero bricconi, quando videro la sua bellezza, furono talmente ammirati che non le fecero del male, anzi, la portarono nella loro casa e la tennero con loro.

Qui la ragazza faceva le faccende domestiche e preparava loro ogni giorno da mangiare.

Ma un giorno che era sola capitò per caso a casa dei briganti una strega sotto le false sembianze di una innocua vecchina. Quando questa le chiese di poterle pettinare i suoi lunghi capelli d'oro, lei accettò. Ma, mentre glieli pettinava, l'infida[1] vecchia le piantò uno spillone nel capo.

La ragazza si trasformò subito in una statua. Quando i briganti tornarono a casa la trovarono immobile e muta.

La chiamarono, la scossero, la misero accanto al fuoco, come se il calore potesse sciogliere la sua rigidezza, ma niente servì. La ragazza rimaneva immobile come una statua.

Rassegnati, i briganti la misero in un posto dove tutti, passando, potessero vederla sperando che qualcuno, forse un mago o una fata, potesse liberarla da quel terribile sortilegio[2].

Fu così che un giorno, da quel posto, passò il figlio del re,

1. **Infida:** di cui non ci si può fidare.
2. **Sortilegio:** incantesimo.

La matrigna

giovane e bello. Questi, quando vide quella ragazza bellissima e immobile, se ne innamorò, ordinò ai suoi uomini di portarla a palazzo e di chiuderla in una stanza, proibendo a chiunque di entrarvi.

Un giorno la sorella del principe, curiosa di vedere la bella addormentata, entrò nella stanza proibita. Si sedette sul letto vicino a lei e si mise a pettinarle i lunghi capelli sparsi sul cuscino. Pettinando i capelli, sentì la capocchia dello spillo e lo tirò via. In quel momento la fanciulla riprese vita e la principessa corse subito dal fratello a cui annunciò che la bella addormentata era tornata in vita.

Il principe si precipitò nella stanza, la trovò più bella che mai e le chiese di sposarlo.

Il matrimonio fu celebrato una settimana dopo, ma i due sposi presto dovettero separarsi perché lo Stato del principe entrò in guerra con un altro Stato e lui dovette partire.

La principessa rimase a palazzo con il re e la regina.

Sul finire dell'anno ebbe due figli, due gemelli: un maschio e una femmina e, appena nati, inviò al principe un messaggero con la notizia.

Quel messaggio, tuttavia, non arrivò mai. Il messaggero si fermò nella locanda dove il padre della principessa e la matrigna vivevano. La matrigna rubò la lettera al messaggero e la sostituì con un'altra. In questa missiva si diceva che la principessa aveva partorito non due bambini bensì due cani, un maschio e una femmina.

Quando il principe lesse il messaggio trasecolò[3] e rispose

---

3. **Trasecolò**: rimanere stupefatto.

subito con un'altra missiva in cui scriveva che esseri umani, cani o gatti che fossero, tutti si dedicassero alla loro cura.

Il messaggero partì e di nuovo si fermò nella locanda a dormire dove di nuovo la matrigna sostituì la missiva con un'altra, in cui si ordinava che i bambini fossero uccisi.

Quando la lettera giunse a corte, la famiglia, stupita e turbata, esitò. Nessuno osava uccidere i bambini come era scritto, ma, d'altra parte, quello era l'ordine del principe!

Fu così che si decise che la principessa, insieme ai suoi due figli, venisse cacciata da corte. Fu condotta nel mezzo di un fitto bosco. Qui vagò per ore, finché, disperata si inginocchiò in una radura dove si mise a pregare. Le apparve la Vergine che le concesse ciò che chiedeva: una casetta per lei e per i suoi piccoli. Qui si sistemò e visse tranquillamente.

Passarono anni e finalmente la guerra terminò e il principe fece ritorno a casa.

Qui seppe cosa era successo, lesse la lettera che conteneva quell'ordine terribile, che lui del resto non aveva mai dato. Furioso, si mise alla ricerca della moglie.

Galoppa galoppa, con il suo bel cavallo bianco, finalmente la trovò nella casetta. La riconobbe subito e lei riconobbe lui. Parlarono a lungo e tutto fu chiarito.

— Non capisco però chi possa aver sostituito la lettera — disse il principe.

Lei ci pensò un po' e poi disse:

— Io lo so invece. È stata quella strega della mia matrigna.

Tornati alla reggia, il principe fece punire severamente la matrigna. Il principe, la principessa e i due bambini vissero felici e contenti per tanti anni.

Scopriamo la geografia

Il territorio della Liguria è prevalentemente montuoso con monti non molto elevati, che arrivano spesso fino al mare. La fascia collinare è stretta, mentre la pianura è quasi del tutto assente. La Liguria si affaccia sul mar Ligure con una costa lunga intervallata da golfi e insenature. Vi sono porti importanti tra cui il maggiore è quello di Genova. Le attività economiche principali si basano sul turismo e sull'industria, ma il poco terreno disponibile è stato sapientemente sfruttato, tramite terrazzamenti sui fianchi delle colline, per colture specializzate come l'ulivo e la vite, gli ortaggi, i fiori.

superficie: 5.421 km²

popolazione: 1.631.441 abitanti

capoluogo: Genova

La spiaggia di Sestri Levante, nella riviera di Levante.

Tipico... della Liguria

Vista dall'alto del paese di Vernazza con in primo piano una macchia di fiori.

All'inizio della fiaba il padre propone alla figlia di andare a raccogliere dei fiori. I fiori costituiscono un tipo di vegetazione tipico della Liguria. In questa regione, infatti, favoriti dal clima mite, crescono bellissimi e numerosi fiori, anche particolari e di grande pregio come la peonia. Nella provincia di Imperia poi, i fiori vengono coltivati in parte in serra. I fiori sono un elemento tanto caratterizzante del paesaggio ligure che un suo tratto di costa è stato proprio chiamato Riviera dei Fiori!

Una coltivazione di fiori in serra.

Leggere e comprendere

1 **Scegli un aggettivo per ogni personaggio della fiaba.**

1. La matrigna di questa fiaba è
   a. ☐ odiosa.   **b.** ☐ simpatica.

2. La ragazza sembra
   a. ☐ ingenua.   **b.** ☐ furba.

3. Il padre della ragazza è
   a. ☐ autorevole.   **b.** ☐ debole.

4. I briganti, che trovano la ragazza sono
   a. ☐ malvagi.   **b.** ☐ compassionevoli.

5. La vecchina è
   a. ☐ fidata.   **b.** ☐ infida.

6. Il principe è
   a. ☐ leale.   **b.** ☐ traditore.

2 **Rispondi.**

1. Qual è il ruolo dei briganti in questa fiaba?
   a. ☐ Antagonisti   **b.** ☐ Aiutanti

2. E quello della vecchina?
   a. ☐ Aiutante   **b.** ☐ Antagonista

3. Che cosa rappresenta lo spillone?
   a. ☐ Il mezzo magico   **b.** ☐ La ricompensa

4. Che cosa fa la sorella del principe?

5. Che cosa comunica la missiva che
   la ragazza scrive al principe?

6. Chi cambia il contenuto della missiva?

7. Quale ordine crudele è contenuto
   nella lettera che arriva alla famiglia
   del principe?

8. Che cosa accade alla ragazza?

9. Chi viene punito alla fine della vicenda?

Tredicino

'era una volta una famiglia. Una famiglia di tredici bambini che erano rimasti senza mamma. C'era solo il papà che tutti chiamavano Tredicino perché – appunto!– , aveva tredici figli. E Tredicino lavorava come un matto per guadagnare abbastanza da sfamare questi suoi tredici figlioli. Tuttavia non sempre riusciva così, spesso, accadeva che la cucina fosse vuota e lo stomaco dei bambini brontolasse come una pentola che bolle!

Era un giorno di marzo: primavera quasi, ma faceva ancora freddo e l'uomo non lavorava da ormai tre settimane. I bambini avevano fame e freddo, e lui sapeva che lì intorno non c'era speranza di trovare lavoro.

Perciò prese l'unica decisione possibile: partire, andare alla corte del re.

Tredicino

— Il re è un uomo ricco, molto ricco, e a casa sua troveremo da mangiare — disse Tredicino. E tra sé aggiunse: — Almeno lo spero...

E così partì il papà e dietro tutti i suoi figli.

Arrivati alla corte del re, questi non lo ricevette. Il re era un uomo importante con tante cose da fare e non aveva tempo.

Tredicino riuscì solo a parlare con un servitore che, mosso a pietà dalla sua situazione, andò dal re a chiedere cibo per il pover'uomo.

— La gente deve guadagnarsi il cibo — sentenziò Sua maestà. — Io sono ricco e potente, ma anche buono e generoso, però per denaro e cibo voglio servigi.

— Quest'uomo ha detto di essere disposto a tutto — disse il servitore. — Sire, è davvero disperato.

— Disperato? Allora fatelo passare, voglio parlare con lui.

L'uomo, che aspettava fuori dalla corte, fu portato al cospetto del re.

— Mi dicono — disse il re senza tanti preamboli — che sei disposto a tutto per sfamare i tuoi figlioli.

— È vero — rispose Tredicino.

— Allora senti un po'... io ti darò ciò che vuoi e ancora di più, se tu andrai nella casa dell'Orco a prendermi il suo pappagallo.

— Nella casa dell'Orco?! — Esclamò l'uomo. — Ma quello è un tipo... un tipo...

— Malvagio e mostruoso, lo so. Ma non avevi detto che... eri disposto a tutto?

— Sì, è vero, sire. A tutto.

— E allora, qual è la tua risposta?

Fiaba della **Lombardia**

— Andrò, sire. Andrò dall'Orco e prenderò il pappagallo.

E così Tredicino andò alla casa dell'Orco che abitava, insieme alla moglie, in campagna in un grande casolare.

All'alba si appostò subito fuori dal casolare e si mise in attesa. Un'ora, due ore, tre ore, ed ecco che finalmente vide uscire l'Orco.

Era veramente un essere terrificante: grande e grosso, più grande e grosso di qualsiasi essere umano abbiate mai visto, con una testa che sembrava un'anguria, un occhio solo in mezzo alla testa e la bocca rossa da cui spuntavano denti aguzzi.

Quando si fu allontanato, Tredicino entrò nella sua casa. La moglie dell'Orco era nel giardino dietro la casa a lavorare. Purtroppo quella casa aveva cento stanze, e Tredicino dovette guardare in tutte per cercare il pappagallo. Infine lo trovò: era... sul tetto a prendere aria. Tredicino lo acchiappò senza difficoltà e lo mise in un sacco. Stava per uscire quatto quatto dalla casa dell'Orco quando ecco che questi apparve sulla porta. Tredicino non fece in tempo a scappare, l'Orco lo guardò con un'aria tra disgustata e curiosa, poi lo afferrò e lo legò.

— Tu — ordinò a sua moglie — fai a pezzi il ceppo di legno che ho portato! Adesso esco per andare a prendere l'acqua ragia per dargli fuoco.

— Lo vuoi... bruciare? — chiese la moglie sbarrando gli occhi, perché pur essendo sposata da tanti anni con l'Orco, non era ancora riuscita ad abituarsi alle sue malefatte.

— No, voglio metterlo in pentola e mangiarmelo.

L'Orco uscì e Tredicino restò solo con la donna che faceva

Tredicino

di tutto per spezzare il ceppo di legno ma non riusciva perché era troppo grosso e duro.

Allora Tredicino le propose di slegarlo così che avrebbe potuto aiutarla a spezzare la legna. E così fu, ma, appena libero, afferrò il pappagallo e scappò via di gran carriera. Di corsa dal re.

Il re prese il pappagallo soddisfatto, si complimentò con Tredicino e ordinò al servitore di imbandire un grande pranzo per lui e i suoi tredici figli.

Tredicino stava per andarsene quando il re gli chiese se non volesse di più e gli disse che, se avesse rubato all'Orco la coperta con i campanelli, avrebbe avuto da mangiare, per lui e per i suoi figli, per un anno intero.

La proposta era troppo allettante e Tredicino pensò che valeva la pena di rischiare per una ricompensa del genere.

Di nuovo partì per la casa dell'Orco. Era notte, entrò piano piano nella camera, la coperta era sul letto dove dormiva il mostro. Tredicino riempì i campanelli con la bambagia in modo che non suonassero, poi, con molta delicatezza, cominciò a tirare la coperta. Era quasi riuscito a prenderla quando l'Orco aprì la grande bocca, ma per fortuna non gli occhi, e borbottò:

— Ehi, che c'è?

— Miao — fece Tredicino fingendo di essere un gatto.

L'Orco ricominciò a dormire, allora Tredicino prese la coperta con cui scappò a gambe levate. Quando l'Orco si svegliò cercò la sua coperta, la chiese alla moglie che spaventata negò, poi si convinse che era stato Tredicino. Intanto Tredicino ormai era lontano, alla corte del re a cui consegnò la coperta.

Tredicino

— Tredicino, sei stato davvero bravo. Adesso, come ti ho promesso, avrai cibo per un anno.

Tredicino stava per andarsene quando il re aggiunse:

— Anche se potresti avere di più, molto di più. Potresti essere un uomo ricco, e tu e i tuoi figli vivreste nell'agiatezza fino alla fine dei tuoi giorni.

Tredicino capì che il re gli stava per chiedere un'altra cosa e rassegnato domandò:

— Che cosa devo fare ancora?

— Portarmi qui l'Orco.

— L'Orco in persona?

— Sì, proprio lui. E vivo e vegeto anche.

— Ma l'Orco appena mi vede mi fa fuori, anzi torna al suo vecchio progetto d'infilarmi nel pentolone, cuocermi a puntino e divorarmi come un pollo.

— Beh, pazienza! Allora vorrà dire che passati i 365 giorni tornerai povero… — disse il re.

Tredicino ci pensò qualche secondo e decise che avrebbe tentato anche questa impresa.

Il giorno dopo Tredicino era davanti alla casa dell'Orco. Ma chi lo avrebbe riconosciuto travestito com'era? Aveva messo una grande barba e due baffoni che lo facevano sembrare un brigante fatto e finito. Si presentò alla moglie dell'Orco a cui chiese di chiamare il marito. All'Orco che domandava chi fosse, riferì di aver ucciso Tredicino, aggiungendo:

— Sono qui perché lo voglio mettere in una cassa da morto, però mi mancano le assi per fabbricarla e mi chiedevo se tu per caso ne avessi qualcuna da prestarmi…

— Le assi per la cassa da morto di Tredicino? Subito, te le do subito io le assi. Sono talmente contento che quello sia morto...

L'Orco gli diede le assi e Tredicino si mise a costruire la cassa. Intanto stava lì in piedi a guardarlo tutto contento per il fatto che il suo più grande nemico fosse morto.

Una volta che ebbe completato la cassa, Tredicino disse:

— Perbacco, mi sono dimenticato di una cosa! Non ho misurato Tredicino, e adesso non so se la cassa sia della misura giusta. Mi pare che Tredicino fosse più o meno alto come te. Non è che potresti stenderti dentro? Così sono sicuro di avere realizzato la giusta misura.

— E che mi costa... — disse l'Orco. — Farei questo e altro per vedere Tredicino morto stecchito qui dentro.

Buono buono l'Orco si stese nella cassa e allora Tredicino, veloce come un fulmine, ci mise sopra il coperchio, e *tic tac tic tac* lo inchiodò altrettanto velocemente. Poi chiamò i suoi amici che erano rimasti nascosti tutto il tempo ad aspettarlo e che lo aiutarono a portare via la cassa.

Alla corte del re naturalmente.

— Mi hai portato l'Orco? — chiese il re quando lo vide arrivare.

— Sì, sire. È qui in questa cassa.

— Ma... è vivo?

— Sì, è lì dentro, vivo e vegeto.

— Bene, Tredicino — disse il re. — Ho capito fin dal primo momento che ti ha visto che sei un uomo in gamba e meriti tutta la ricchezza che ti darò per te e i tuoi figli.

Il re mantenne la sua promessa e Tredicino visse con i suoi figli in una bella e grande casa nella ricchezza e nel benessere.

Scopriamo la geografia

La Lombardia è la regione più popolosa d'Italia, e conta ben undici province. Il suo territorio si divide tra la pianura (Pianura Padana), la fascia delle prealpi e le zone montuose delle Alpi centrali. Il territorio lombardo comprende anche un'area dell'Appennino (Oltrepò Pavese). Sulla carta vedi diverse zone azzurre: sono i laghi di Como, di Garda, il lago Maggiore e alcuni laghi più piccoli. La Lombardia è una regione ricca in cui tutti i settori economici sono molto sviluppati. Nell'area di Milano

superficie: 23.861 km²
popolazione: 9.821.270 abitanti
capoluogo: Milano

si concentrano molte attività del terziario (banche, assicurazioni, finanza, trasporti) che insieme alle produzioni industriali fanno della città la capitale economica d'Italia.

Panorama del lago di Lecco.

Tipico... della Lombardia

Una tipica cascina
lombarda.

Questa è una cascina si-
mile a quella in cui abita
l'Orco. La cascina è una
costruzione tipica della
Lombardia. Ha una for-
ma solitamente quadran-
golare, con al centro l'aia (o cortile), intorno a cui sorgono le abitazioni in cui
vivono le famiglie dei lavoratori. Altri fabbricati servono per riporre le
macchine agricole e gli attrezzi, in un'ala invece si trovano le stalle.

Spesso le abitazioni dei "padroni" e quelli dei lavoranti erano divise. Gli
edifici padronali erano sempre situati di fronte o ai lati dell'entrata
dell'azienda, invece quelli dei lavoranti si trovavano nella corte stessa. In
alcuni casi, le cascine più grandi hanno anche il mulino, l'osteria e una
piccola chiesa. Questa struttura chiusa garantiva una certa protezione contro
i furti, che per lungo tempo, almeno fino alla fine dell'Ottocento erano,
purtroppo, molto frequenti in campagna.

Leggere e comprendere

1 **Rispondi.**

1. Perché Tredicino va alla corte del re?

   ....

2. Il re chiede tre cose a Tredicino. Quali? Completa.

   a. Di prendere ....

   b. Di portargli ....

   c. Di catturare ....

3. Che cosa gli promette in cambio il re?

   a. La prima volta ....

   b. La seconda volta ....

   c. Infine ....

4. Quale di queste qualità usa Tredicino per ingannare l'Orco?

   a. ☐ La furbizia   **b.** ☐ La forza

   c. ☐ Il coraggio   **d.** ☐ La conoscenza

5. Alla fine il re ha l'orco vivo e vegeto. Secondo te cosa ne farà?

   a. ☐ Lo metterà in una gabbia per mostrarlo a tutti

   b. ☐ Lo punirà per le sue malefatte

   c. ☐ Lo isolerà in un posto in cui non può far del male a nessuno

   Oppure ....

2 **L'Orco non è l'unico personaggio negativo delle fiabe. Ci sono anche: il lupo, la strega, il drago, il mostro. Scrivi il titolo di fiabe o racconti in cui compaiono.**

....

....

....

L'Orco è un mostro tipico dei paesi europei nordici. È un essere dall'aspetto umano, ma spesso mostruoso. È crudele e un mangiatore di uomini. È presente in tante fiabe, e anche in film animati. Conosci altre fiabe in cui il personaggio cattivo è un orco?

La fanciulla della melagrana

C'era una volta un bel principe, che un giorno, tagliando una ricotta, si ferì a un dito da cui uscì del sangue. Una goccia cadde sulla ricotta.

Rimase a osservarla qualche secondo, poi disse a sua madre:

— Madre, desidero sposare una fanciulla bianca come il latte e rossa come il sangue.

— Figlio mio, dove pensi di trovare una donna che sia al contempo bianca e rossa? Non esiste!

Il figlio la guardò dubbioso.

— Ne sei proprio sicura? — chiese.

— No, sicura no. Se vuoi, cercala! E ti prometto che se la troverai potrai sposarla — rispose la madre.

In realtà in cuor suo era convinta che fosse davvero impos-

La fanciulla della melagrana

sibile trovare una ragazza bianca e rossa. Il principe partì alla ventura.

Cammina cammina, s'imbattè in un vecchio che sembrava un mago.

— Cerco una donna bianca come il latte e rossa come il sangue — gli disse.

— Figliolo, non ti sei scelto un compito facile. Ora ti darò tre melagrane. Aprile tutte e tre. Però, ricordati, fallo solo vicino a una fonte!

Il giovane aprì la prima melagrana e ne uscì una fanciulla bianca come il latte e rossa come il sangue, che disse:

— Dammi da bere, sto morendo.

Il figlio del re si affrettò verso la fonte, ma non fece a tempo a portare l'acqua alle sue labbra che era già spirata.

Aprì allora la seconda melagrana; da questa uscì una giovane altrettanto bella.

— Dammi da bere, sto morendo — disse questa come la precedente.

Il principe si affrettò a portarle l'acqua, ma, ancora prima che la raggiungesse, anche questa giovane era spirata.

Infine il principe si decise ad aprire la terza melagrana. Appena uscì la terza fanciulla, ancora più bella delle altre due, il principe le gettò dell'acqua sul viso e subito tirò un sospiro di sollievo: era viva!

Poiché non aveva indosso che un misero panno che a malapena le ricopriva i fianchi e il petto, il principe le disse:

— Per favore, sali sull'albero e lì attendi il mio ritorno. Ti vado a prendere degli abiti degni di una principessa, perché tu diventerai mia moglie.

La ragazza salì sull'albero mentre il principe correva a cercare degli abiti.

Mentre era via, passò di lì per caso una brutta e cattiva Saracina che buttò giù dall'albero la ragazza e si sostituì a lei.

La fanciulla della melagrana

Quando il principe tornò, vedendo la brutta Saracina, esclamò:

– Che io possa essere dannato, che ti è accaduto? Eri bellissima, bianca e rossa e adesso sei diventata brutta e nera.

– E che ci posso fare principe? – disse quella sfacciata. – Sono stati il sole e l'aria a ridurmi in questo modo…

Il principe la guardò esitante, poi disse:

– Ti avevo promesso che ti avrei sposato e così sarà.

La condusse a corte e la sposò.

Ma cosa ne era stato intanto della bella fanciulla bianca e rossa? Non temete, non era morta. Soltanto si era ritrasformata in una melagrana e stava posata sul ramo di un albero. Una dolce vecchina che passava di lì la vide e la colse. Fu tentata di mangiare la melagrana, ma poi la conservò.

"È così bella" pensò " che è davvero un peccato mangiarla."

La teneva nella sua casetta e, mentre lei era fuori per il bosco a cercare qualcosa da mangiare, la fanciulla usciva dalla melagrana e si occupava della casa. Puliva, rassettava, riordinava.

Un giorno la vecchina tornò prima del solito e trovò la fanciulla indaffarata.

– Cosa ci fai qui in casa mia? – le chiese stupita.

La ragazza spiegò che era uscita dalla melagrana e le raccontò la sua triste storia.

La vecchina impietosita decise di condurla a corte.

– Vedrai che quando il principe saprà cosa è accaduto ti riprenderà e caccerà quell'impostora.

E così fu. Portata al suo cospetto, la fanciulla della melagrana fu riconosciuta subito dal principe come la sua vera promessa sposa e l'altra, la Saracina, venne scacciata dal regno.

Da allora vissero felici e contenti per tanti tanti anni.

Scopriamo la geografia

La regione delle Marche è situata nell'Italia centrale. Il suo territorio è prevalentemente collinare e montuoso, caratterizzato dalla presenza di *calanchi*, solchi scavati dalle acque piovane nel terreno argilloso delle colline. Le Marche si affacciano sul mar Adriatico con coste basse e sabbiose ad eccezione della sporgenza del monte Conero. La sua economia si basa sulla piccola e media industria come quella delle calzature, quella meccanica e navale. Inoltre è fiorente anche l'industria turistica soprattutto grazie ai centri balneari.

superficie: 9.700 km²

popolazione: 1.552.968 abitanti

capoluogo: Ancona

Le grotte di Frasassi.

Tipico... delle Marche

La melagrama.

Sai che cos'è una melagrana? È un frutto particolare che nasconde al proprio interno tanti chicchi dolci e succosi e lo puoi trovare nei negozi solo in certi periodi dell'anno. Non molto diffusa ai giorni nostri, in passato la melagrana è stata considerata il simbolo del vivere perfetto e della dolcezza.

Nelle Marche la melagrana viene usata per diverse specialità culinarie soprattutto per i dolci.

C'è un altro elemento che colpisce nella fiaba: la brutta Saracina. Con il nome "saracino" (o più comune: saraceno) si designavano nel Medioevo i musulmani che si dedicavano alla pirateria e che avevano occupato alcune isole come la Sicilia. In questa fiaba ha ovviamente un'accezione negativa.

La fiaba infatti fu scritta in un periodo in cui la paura per il diverso e per lo straniero era particolarmente viva e in nessun modo moderata da sentimenti e pensieri di tolleranza. Così, nella fiaba la Saracina è brutta, e non solo... anche infida perché con l'inganno prende il posto della bella fanciulla-melagrana!

Leggere e comprendere

1 Riconosci i personaggi e scrivi al posto giusto.

| eroe | aiutante | antagonista | ragazza da sposare | mezzo magico |

....

....

2 All'apertura della melagrana si susseguono dei fatti.
Esponili sinteticamente.

Prima ....

....

Poi ....

....

In seguito ....

....

Infine ....

....

Il principe Serpente

C'era una volta un uomo. Era un mercante sempre in giro per il mondo. Era tornato non da molto da un paese lontano quando si preparò per un nuovo viaggio.

Prima di partire disse alle figlie che avrebbe portato loro un regalo.

— Che cosa vuoi, Maria? — chiese alla prima.

— Un abito, padre, il più bello che tu possa trovare.

— E tu Gilda?

— Io desidero un cappello. Il più prezioso che tu possa trovare.

— E tu, Dalinda — chiese l'uomo alla terza figlia, la più bella di tutte — dimmi che cosa desideri?

— Io, padre, voglio un grappolo d'uva d'oro.

— Un grappolo d'uva d'oro?

— Sì, e se tu non me lo porterai, possa la tua nave non andare né avanti né indietro.

— Va bene, vedrò cosa posso fare — rispose il padre, perplesso da questa richiesta.

Cosa voleva mai dire la figlia con 'la nave non andrà né avanti né indietro'? Mah… — pensò il mercante — in fondo Dalinda è sempre stata un po' strana. Questa non sarà altro che una delle sue bizzarrie.

L'uomo partì: attraversò il mare in nave, raggiunse il mercato dove vendette il grano che aveva portato con sé. Poi cercò i regali per le sue figlie: pagò monete sonanti per l'abito e il cappello per le due prime figlie. Poi si mise a cercare il regalo per la terza figlia: setacciò tutto il mercato, andò per tutta la città, domandò a ogni mercante, ma nessuno aveva il grappolo d'uva d'oro che la figlia chiedeva.

Quindi ripartì senza aver trovato il regalo per la figlia Dalinda. La nave veleggiava che era un piacere sospinta da un vento favorevole sotto il cielo sereno. Era quasi arrivata a destinazione quando passò vicino a un'isola coperta in gran parte da vigneti. Questi rilucevano al sole mandando bagliori dorati perché erano… d'oro.

"Ecco qui i grappoli d'uva d'oro" pensò l'uomo e chiese al comandante se fosse possibile fermarsi per raccoglierne uno.

Ma il comandante rispose che era meglio non perdere tempo. All'improvviso, però, la nave si fermò, non andava né avanti né indietro, proprio come aveva detto la figlia. Il mercante riferì al comandante le strane parole della figlia e decisero così di sbarcare sull'isola.

Il principe Serpente

Attraversarono i vigneti carichi di grappoli d'uva d'oro, arrivarono a una grande casa, entrarono dal cancello aperto e passarono per un salone con mobili come quelli di una reggia.

Il mercante chiamava a gran voce:

— C'è qualcuno? C'è qualcuno?

Ma non rispondeva nessuno.

— Sembra che non ci sia proprio nessuno — disse il comandante.

— Forse il padrone di casa è in viaggio o in visita da qualcuno — fu la spiegazione del mercante.

Tornando alla nave, passarono attraverso i vigneti dorati e il mercante non ci pensò su due volte: colse un grappolo d'uva d'oro. Stava per salire sulla scialuppa che lo avrebbe portato alla nave quando improvvisamente gli comparve davanti un enorme serpente.

Spaventato il mercante si ritrasse. Ma il serpente gli si avvicinò puntandogli addosso i suoi occhi sporgenti.

— Mi hai rubato un grappolo d'oro!

— No, signor serpente — rispose il mercante sempre più spaventato. — No, non volevo rubare. Soltanto che mia figlia…

E ripeté a lui la storia che aveva già raccontato al comandante.

— Ah, ah — fece il serpente, — quindi la colpevole di tutto sarebbe tua figlia.

— No, beh… non ho detto questo. Io…

— Se la colpevole è tua figlia, tu mi porterai questa fanciulla qui entro otto giorni.

— Mia figlia? Ma io non posso portarla qui! Invece posso pagarti la cifra che vuoi per questo grappolo.

Il principe Serpente

— No, non voglio il tuo denaro, voglio tua figlia— insistette il serpente. — E ricordati! Se entro otto giorni non sarà qui, ti capiteranno tante disgrazie che non puoi neanche immaginare.

— Va bene, ti porterò mia figlia — disse lui, ma in cuor suo pensava che non lo avrebbe fatto perché non credeva a quel malaugurio del serpente. In fondo presto sarebbe stato lontano mille miglia da quell'isola. Come avrebbe potuto il serpente fargli del male?

Così, una volta arrivato a casa, non disse niente alla figlia e continuò la sua vita di sempre.

Arrivò l'ottavo giorno. Di mattina fu svegliato dalla moglie che lo scuoteva energicamente e che gli riferì che erano scappate delle bestie dalla stalla e altre erano state trovate morte.

Subito il mercante pensò alla maledizione del serpente, ma quando, il giorno dopo, successe che un garzone cadde dalla scala e si ruppe la gamba, e il giorno dopo ancora il mercante stesso si ferì accidentalmente alla mano, allora capì che quelle non erano coincidenze, bensì le disgrazie che il serpente gli aveva tirato addosso. Perciò decise di chiamare la figlia.

— Devo portarti dal serpente, mi dispiace tesoro, ma non posso fare altrimenti.

Dalinda accettò senza opporsi. Non che le piacesse l'idea di andare a vivere con un serpente, ma sapeva che tutto quello che era accaduto era solo colpa sua perché sua era stata l'idea del grappolo d'uva d'oro.

Quando Dalinda arrivò sull'isola trovò il serpente a riceverla.

Fiaba del **Molise**

Sola nella casa con lui, si occupava della casa e cucinava per lui con cui mangiava ogni sera. Lui la guardava con tenerezza, lei ricambiava con sguardi colmi di paura. Anche se era sempre gentile e la trattava con dolcezza, era pur sempre un serpente. Ma con l'andare del tempo andò abituandosi a lui e, non solo, cominciò anche a volergli un po' di bene. Lui, dal canto suo, le dichiarava ogni giorno il suo amore.

Un giorno il serpente disse a Dalinda:

— Io ti amo con tutto il mio cuore. Mi vuoi sposare?

— Sposare? Questo non posso farlo — rispose lei. — Non posso sposare un serpente!

Lui si fece tutto triste e si attorcigliò sopra il divano. Dalinda guardò i grandi occhi ricurvi che si stavano facendo lucidi, sembrava che stesse per piangere.

Durante la notte Dalinda pensò che si trovava bene con lui, che era sempre gentile e affettuoso e che quindi poteva anche sposarlo. Così rispose di sì.

Appena ebbe pronunciato la fatidica parola, il serpente si trasformò in un giovane. Era un giovane alto e bruno con bellissimi occhi verdi.

Si avvicinò a Dalinda, la prese tra le braccia e la baciò.

— Come vedi, mia cara — disse — non sono un serpente. Sono il figlio di un re. Sono stato rapito e trasformato in un serpente. Dovevo solo incontrare una donna che mi volesse sposare per ridiventare un essere umano.

Subito il principe e Dalinda lasciarono l'isola e raggiunsero il regno del principe dove i genitori di questi, il re e la regina, li accolsero con gioia e presto celebrarono le nozze che per la loro magnificenza si ricordano ancora oggi.

Scopriamo la geografia

Il Molise si trova nell'Italia meridionale. È la ventesima regione d'Italia. Perché proprio la ventesima? Perché è, per così dire, l'ultima nata. Infatti prima del 1963 faceva tutt'uno con l'Abruzzo. Le due regioni hanno cominciato a funzionare in modo autonomo a partire dal 1970. Il territorio del Molise è per metà collinare e per metà montuoso. L'economia in questa regione è condizionata dalla lontananza dalle aree più sviluppate e ricche di risorse. Buone rendite provengono dall'agricoltura; alcuni nuclei industriali si trovano lungo la costa, mentre il turismo è in via di sviluppo.

superficie: 4.438 km²

popolazione: 320.360 abitanti

capoluogo: Campobasso

Il teatro di Pietrabbondante in provincia di Isernia, esempio di architettura dell'antico popolo dei Sanniti.

Tipico... del Molise

Una veduta di Termoli, importante porto e centro balneare della regione.

Il mercante della storia parte dal suo paese e attraversa il mare per commerciare con le popolazioni che abitano sulla costa opposta. Il mare è l'Adriatico e le regioni con cui commercia sono quelle dell'attuale Croazia. Un elemento caratterizzante della regione del Molise, che è bagnato dal mare per quasi 40 km di costa, è proprio il rapporto con il mare che non solo ha portato sostegno all'economia con la pesca, ma anche con il commercio. Questi legami con le coste orientali dell'Adriatico sono dimostrati anche dalla presenza in Molise di centri dove si parla ancora oggi il Croato.

Leggere e comprendere

1 **Rispondi alle seguenti domande.**

1. Chi sono i personaggi che vivono nella storia?

   ....

2. Quale regalo chiedono le tre figlie al mercante?

   Maria ....   Gilda ....   Dalinda ....

3. Dove trova il regalo di Dalinda?

   ....

5. Come si manifestano le disgrazie predette dal serpente?

   ....

5. Indica il finale della storia.

   a. ☐ La famiglia del mercante cade in disgrazia e diventa povera.

   b. ☐ Dalinda rifiuta di sposare il serpente che muore dal dispiacere.

   c. ☐ Dalinda accetta l'amore del serpente che si trasforma in un bellissimo principe.

2 **Segna V (vero) o F (falso).**

		V	F
a.	Il mercante sbarca sull'isola perché vuole incontrare la persona che vi abita.	☐	☐
b.	Il mercante paga il serpente per il grappolo d'uva d'oro.	☐	☐
c.	Il serpente non accetta denaro per il grappolo, vuole invece la figlia del mercante.	☐	☐
d.	Il mercante non crede alla predizione del serpente.	☐	☐
e.	Una volta a casa il mercante racconta tutto alla famiglia.	☐	☐
f.	Dopo otto giorni cominciano le disgrazie.	☐	☐
g.	La figlia parte per l'isola senza protestare.	☐	☐
h.	Il serpente ama Dalinda.	☐	☐
i.	Il serpente è in realtà un principe.	☐	☐
l.	Dopo qualche tempo Dalinda chiede al serpente di sposarla.	☐	☐

Naso d'argento

C'era una volta una casetta e in questa casetta abitava un donna con le sue tre figlie.

La donna faceva la lavandaia e le tre figlie la aiutavano, ma non erano felici. Anzi, non vedevano l'ora di andarsene dalla casetta e di cominciare una nuova vita.

Un giorno arrivò alla casetta un uomo. Era un bel signore, vestito in modo elegante e dalla parlata ricercata, aveva però un naso d'argento.

— Mi hanno detto che qui vivono tre ragazze che lavorano sodo — disse quest'uomo. — Io, sulle colline, ho una casa grande grande. Ho pensato che una delle vostre figlie potrebbe venire a servizio da me.

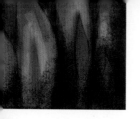

Naso d'argento

La madre esitava perché non si fidava di quell'uomo dal naso d'argento, ma la prima delle sue figlie subito accettò entusiasta.

Su una carrozza dai bordi d'argento, lei e l'uomo fecero un lungo viaggio fino a una zona di colline verdi. Su una di queste si ergeva una grande casa, la casa del signore dal naso d'argento. Dentro la casa era ancora più grande di quanto sembrasse di fuori, un vero palazzo reale con un ampio salone e cento stanze.

L'uomo dal naso d'argento mostrò alla ragazza tutte le stanze, finché giunsero all'ultima stanza della casa, quella che portava al seminterrato.

— Qui non si entra — disse il signore. — Io ti do la chiave anche di questa, però ricordati che è una stanza proibita.

La ragazza disse "sì sì", ma in cuor suo moriva dalla curiosità di vederla.

L'occasione si presentò molto presto, infatti già il giorno dopo il padrone di casa annunciò che sarebbe uscito e sarebbe stato fuori fino a sera. La ragazza rimase sola in casa. E subito si precipitò ad aprire la porta. Non si era accorta però che tra i capelli aveva una rosa. Gliel'aveva messa di notte l'uomo.

Appena aperta la porta, vide dentro alla stanza folate di fuoco e tra il fuoco una folla di gente che gridava e piangeva.

"Mio Dio, questa stanza altro non è che l'inferno" pensò spaventata "e quest'uomo, Naso d'Argento, è il diavolo. Ha chiuso qui dentro le anime dannate."

In tutta fretta richiuse la porta, ma intanto il calore della stanza aveva strinato[1] la rosa che teneva tra i capelli. Quando l'uomo tornò a casa, la prima cosa che vide fu la rosa strinata.

---

1. **Strinato:** bruciacchiato.

Fiaba del **Piemonte**

Andò in collera e poiché non gli aveva obbedito prese la ragazza e la buttò nella stanza tra le fiamme.

Si rimise in viaggio e tornò a casa della lavandaia a cui chiese la seconda figlia come aiuto alla prima.

La donna non era molto propensa perché continuava a non fidarsi, ma la seconda figlia, che, come le altre, voleva lasciare la casa materna, subito disse di sì e seguì l'uomo. Quando furono al palazzo di Naso d'Argento, questi le mostrò, come aveva fatto con la prima, tutte le stanze meno una, proibendole di entrarvi. Anche a lei di notte mise un fiore tra i capelli: un garofano. Si ripetè poi la stessa scena, e quello che vide fu terribile:

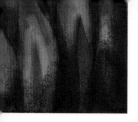

Naso d'argento

fuoco e fiamme e gente che gridava e tra loro la sorella che, appena la scorse, le chiese aiuto.

La ragazza richiuse immediatamente la porta, ma era troppo tardi: il fiore tra i capelli si era avvizzito. E questo fu ciò che Naso d'Argento vide appena tornò a palazzo. La ragazza pregò e supplicò, ma non ci fu niente da fare. Il diavolo l'afferrò e la gettò tra le fiamme.

Per la terza volta Naso d'Argento si rimise in viaggio verso la casa della lavandaia chiedendo la terza figlia, che detto fatto, partì con l'uomo.

Appena giunti nel palazzo sulla collina, anche con la stessa ragazza si ripetè la stessa scena. Di notte le mise un fiore di gelsomino tra i capelli. Ma la ragazza se ne accorse perché era sveglia, infatti non riusciva a dormire, tormentata da una domanda: dov'erano le sue sorelle, perché non le aveva viste?

Il giorno dopo il padrone annunciò la sua partenza ma la ragazza, appena lui fu uscito, non si precipitò ad aprire la stanza.

Si lavò e si pettinò e, pettinandosi, trovò il fiore che l'uomo le aveva infilato tra i capelli. Lo prese con delicatezza e lo mise in un vaso pieno d'acqua. Poi si vestì, e fece il giro di tutte le stanze. Ma delle sorelle non trovò traccia.

"Non ci sono da nessuna parte, devono essere per forza nella stanza proibita" pensò.

Così l'aprì e lì le vide, le sue due sorelle, avvolte dalle fiamme, che gridavano e piangevano e chiedevano aiuto.

Chiuse la porta e aspettò il ritorno di Naso d'Argento. Questi di sera era a palazzo, la prima cosa che guardò fu il fiore che la ragazza aveva rimesso tra i capelli. Ed era integro!

Passarono i giorni, intanto la ragazza pensava come poteva

Fiaba del **Piemonte**

salvare le sorelle. Infine ebbe un'idea: chiese al signore di andare a portare alla madre della biancheria sporca da lavare.

Di notte la ragazza andò nella stanza dell'inferno e tirò fuori le sue due sorelle. Mise ognuna in un sacco tra la biancheria sporca. La mattina dopo aveva due sacchi pronti per il diavolo.

— Sono questi — gli disse, — ma sono molto pesanti perché ho messo dentro parecchia roba. Badate che uno dei sacchi non si sleghi! Se per caso si slega, la roba salta fuori e non riuscirete più a metterla dentro. Comunque vi tengo d'occhio io.

— Come... mi tieni d'occhio?

— Dovete sapere che io ho un dono strano: vedo le cose che accadono in lontananza.

Il diavolo partì con i sacchi, ma essendo sospettoso di natura, strada facendo, gli venne in mente che la ragazza potesse aver rubato qualche oggetto prezioso per infilarlo nei sacchi e questo avrebbe giustificato il loro peso. Per questo si fermò e ne aprì uno. Appena lo ebbe aperto, sentì una voce che diceva: — Ti vedo, ti vedo! — Lo richiuse subito.

— Per l'inferno! — esclamò. — Quindi è proprio vero: quella ragazza vede a distanza.

In realtà era la voce della sorella a cui la ragazza aveva detto di pronunciare quella frase, nel caso in cui il diavolo avesse aperto il sacco.

L'uomo arrivò con i sacchi dalla madre e glieli consegnò. Quando tornò a palazzo la terza sorella era sparita. Mentre lui rientrava, lei era tornata a casa della madre e si era portata via un po' d'oro perché pensò che, tanto, rubare al diavolo non fosse peccato. E subito mise sulla porta della casa una croce d'oro così che l'uomo dal naso d'argento non si avvicinò mai più.

Scopriamo la geografia

Il Piemonte è una regione dell'Italia settentrionale, la seconda per estensione. La maggior parte del suo territorio è montuosa, il resto è occupato da pianure e colline. La sua economia si basa su attività industriali, soprattutto del settore automobilistico, infatti Torino è la sede della più grande industria italiana, la Fiat. Vi è anche un notevole numero di imprese che opera in campi innovativi come l'elettronica e l'ambito aerospaziale. Una buona parte della popolazione è occupata

superficie: 25.402 km²
popolazione: 4.441.946 abitanti
capoluogo: Torino

nel settore terziario; l'agricoltura fornisce prodotti molto apprezzati, come vini e spumanti, formaggi e carni. Il turismo è sviluppato soprattutto nelle aree alpine e dei laghi (Maggiore e d'Orta).

Paesaggio tra Acqui Terme e Nizza Monferrato.

Tipico... del Piemonte

Naso d'Argento abita in un palazzo così grande e bello da sembrare una residenza reale.

Fin dal Medioevo sul Piemonte dominò la dinastia dei Savoia che diede i re all'Italia durante la monarchia; per questo la regione presenta un grande numero di palazzi di grande bellezza. Tra questi sono celebri il Palazzo Reale a Torino, che è considerato la più sfarzosa delle residenze reali; Palazzo Madama, sempre a Torino, costruito originariamente a scopo di difesa e diventato in seguito residenza delle "madame" (le dame reali); Palazzo Carignano ancora a Torino; il Castello di Rivoli; il Castello di Agliè (composto da 300 stanze!); il Castello di Moncalieri sulle pendici della collina torinese e tanti altri.

Il castello di Moncalieri.

Il castello di Rivoli.

Leggere e comprendere

⚠ **Rispondi alle seguenti domande.**

1. L'uomo che si presenta a casa delle tre ragazze ha una particolarità. Quale?

   ....

2. Perché le ragazze accettano di seguirlo?

   ....

3. Dove le porta l'uomo?

   ....

4. Che cosa mostra loro?

   ....

5. Che cosa vieta loro di fare?

   ....

6. Quale accorgimento utilizza Naso d'Argento per verificare l'obbedienza delle ragazze?

   ....

7. Perché le prime due non obbediscono al suo ordine?

   ....

8. Quale stratagemma mette in atto la terza ragazza per salvare le sorelle?

   ....

   ....

9. Chi è in realtà l'uomo?

   ....

10. Che cosa rappresenta la stanza proibita?

    ....

11. Perché Naso d'Argento non si ripresenta più a casa delle ragazze?

    ....

    ....

    ....

La fiaba dei gattini

C'era una volta una donna che aveva due figlie: la prima era figlia sua, l'altra era la sua figliastra che lei trattava come se fosse stata una serva anzi, peggio di una serva: le faceva fare ogni sorta di lavoro e la caricava con ogni genere di incombenza senza mai darle la minima ricompensa.

Un giorno le disse:

— Va' qui intorno a cogliere la cicoria!

La ragazza, che era buona e obbediente e per di più aveva una grande paura della matrigna, uscì di casa e camminò a lungo con lo sguardo fisso sul terreno alla ricerca della cicoria. Ma si trovava nella Murgia dove altro non c'era che rocce, rocce piccole e grandi, rocce che sembravano uomini, rocce che sembravano nuvole, ma solo rocce.

La fiaba dei gattini

Cammina cammina, ecco che tra le rocce scorse un grosso cavolfiore.

— Non ho trovato la cicoria — si disse — ma sono sicura che anche questo andrà bene alla mia matrigna. So che a lei il cavolfiore piace da morire.

Tira tira, dopo tanti sforzi riuscì a sradicare il cavolfiore. Sotto di esso si era aperta una voragine, in cui c'era una scala e da questa la ragazza discese. Quando arrivò sul fondo, vide che c'era una casetta.

E immaginate quale fu la sua sorpresa quando vide che nella casetta abitavano dei gatti! Li vide in giro per la casa tutti affaccendati: uno faceva il bucato, un altro prendeva l'acqua da un pozzo, un altro era intento a cucire un abituccio, un altro ancora faceva il pane.

La ragazza, che non era abituata a starsene con le mani in mano, si fece dare la scopa da un gatto e l'aiutò a spazzare, poi aiutò il secondo a lavare i panni, al terzo tirò la corda del pozzo. Così passò la mattina. A mezzogiorno in punto suonò una campanella, *din don din don*. Era la mamma dei gatti che la suonava, dicendo:

— Chi ha lavorato può venire a mangiare, chi non ha lavorato viene solo a guardare.

— Mamma, abbiamo lavorato tutti — dissero i gatti. — Anche questa ragazza, anzi... lei ha lavorato più di noi.

A tavola la gatta diede alla ragazza carne, maccheroni e un galletto arrosto, mentre ai gattini soltanto fagioli. Ma alla ragazza, che era di cuore buono, rincresceva vedere i gattini affamati, perciò spartì con loro il cibo. Finito di mangiare, la ragazza rassettò tutto veloce e lavò anche i piatti.

La fiaba dei gattini

Poi mamma gatta portò la ragazza in una stanza in cui si trovava un armadio enorme. Una parte era pieno di abiti di seta e scarpe fini, l'altra di abiti fatti in casa.

— Prendi quello che vuoi! — le disse mamma gatta.

La ragazza, che indossava abiti vecchi, chiese modestamente qualcuno degli abiti fatti in casa.

Ma la gatta non era d'accordo pensando che meritava di più. Perciò le diede l'abito più bello e più fine che poté trovare: un vestito di seta, un fazzoletto grande e un paio di scarpine di raso. L'aiutò a indossarli e poi le disse:

— Adesso che esci di casa prima di risalire, metti le dita nei pertugi che vedi nel muro.

La ragazza ubbidì. Mise le dita nei buchi del muro e quando tirò fuori la mano vide che ogni dito aveva un anello d'oro e di pietre preziose. Alzò la testa e le cadde una stella lucente sulla fronte.

Quando la matrigna la vide così vestita e ornata le chiese il motivo. Quando seppe come era andata decise di mandare la figlia l'indomani nonostante le sue proteste.

La figlia, lenta lenta, si avviò per la stessa strada che aveva percorso la sorellastra. Arrivò al cavolfiore e lo tirò, si aprì la voragine e lei scese fino alla casetta dei gatti.

Qui vide i gattini che lavoravano alacremente, ma invece di aiutarli, cominciò a fargli dei dispetti: a uno tirò la coda, al secondo le orecchie, al gattino che cuciva sfilò l'ago, a quello che prendeva l'acqua gettò il secchio nel pozzo. I gattini, offesi e arrabbiati, miagolavano come pazzi.

Finché, a mezzogiorno, arrivò mamma gatta che suonò la campanella, *din don din don.*

— Chi ha lavorato può venire a mangiare, chi non ha lavorato viene solo a guardare.

— Mamma — dissero i gattini — noi non abbiamo potuto lavorare perché è venuta questa ragazza che ci ha fatto i dispetti tutta la mattina e non siamo riusciti a combinare niente.

A tavola diede alla ragazza una galletta d'orzo bagnata nell'aceto e ai suoi figliolini maccheroni e carne. Ma la ragazza buttò via la galletta e, allungando le mani qua e là, rubò da mangiare ai gattini.

Una volta finito il pranzo, la ragazza saltò in piedi e disse a mamma gatta:

— Adesso voglio quei vestiti eleganti che hai dato a mia sorella!

La gatta la condusse nella stanza dei vestiti e qui la ragazza indicò abiti finissimi. La ragazza si spogliò ma si trovò vestita non con i vestiti che aveva scelto, bensì con abiti sporchi e pieni di buchi.

— Adesso esci di qui! — le ordinò mamma gatta.

— Voglio gli anelli che ha avuto mia sorella — protestò quella.

— Allora quando esci metti le dita nei buchi del muro e poi volgi il capo verso l'alto.

La ragazza uscì, infilò le dita nei pertugi ma, quando le ritirò, erano tutte piene di lombrichi che le si erano attorcigliati intorno in modo che non riusciva a staccarseli. Conciata in questo modo, andò a casa. La madre ne ebbe tanta rabbia che morì.

La figliastra fuggì lontano perché con quei lombrichi alle mani la sua vita era diventata un inferno.

L'altra figlia invece sposò un bel giovane e con lui visse felice e contenta.

Scopriamo la geografia

La Puglia ha un territorio prevalentemente pianeggiante e collinare. Soltanto l'1,5% del territorio è coperto da montagne, ed è, infatti, la regione meno montuosa d'Italia. È bagnata dal mar Adriatico e dal mar Ionio. L'economia della Puglia è tra le più fiorenti tra quelle delle regioni meridionali. Tra le attività prevalenti ci sono quelle tradizionali, come l'agricoltura e la pesca, spesso praticate con mezzi moderni. L'industria è importante e si sviluppa soprattutto nei settori chimico, pe-

superficie: 19.358 km²

popolazione: 4.083.050 abitanti

capoluogo: Bari

trolchimico, tessile. Anche il settore turistico, che valorizza le località balneari del Gargano, del Salento e delle isole Tremiti, gioca un ruolo importante nell'economia della regione.

La baia delle Zagare nel Parco Nazionale del Gargano.

Tipico... della Puglia

Le tipiche gravine nell'altopiano delle Murge nei pressi di Gravina di Puglia.

La zona in cui è ambientata questa fiaba è quella della Murgia, ampio altopiano carsico che si trova nella parte occidentale della Puglia. La Murgia è una zona arida, piena di pietre e sassi affioranti: le rocce "sembrano uomini e nuvole" come dice la fiaba, ma presentano anche grandi cavità (come quella in cui scende la protagonista) dette *gravine*, che comunicano in superficie attraverso delle aperture (inghiottitoi). Queste cavità hanno suggerito immagini di terrore, mostri e draghi, ma anche dolci come questa fiaba che ci propone la scena tenera della casa dei gattini.

Le grotte di Castellana.

Leggere e comprendere

1 **Metti in ordine le sequenze della fiaba.**

☐ Mamma gatta ricompensò la ragazza con abiti e le disse di mettere le mani nei pertugi nel risalire in superficie.

☐ La figliastra, una ragazza buona ed educata, era trattata come una serva.

☐ L'altra figlia, arrivata alla casa dei gattini, si comportò male e fece dispetti ai gattini.

☐ La ragazza, vedendo i gattini affaccendati, li aiutò nei mestieri e durante il pranzo diede loro il suo cibo.

☐ Mamma gatta punì la seconda figlia.

☐ La ragazza un giorno, mentre raccoglieva cicoria, scorse un grande cavolfiore.

☐ Arrivata a casa la matrigna le chiese chi l'avesse ornata così e decise di mandare l'altra figlia.

☐ Dopo tanti sforzi sradicò il cavolfiore al di sotto del quale si aprì una voragine che nascondeva una casetta di gatti.

2 **Com'è la figliastra? Segna gli aggettivi che più le si addicono.**

☐ vivace   ☐ buona   ☐ spiritosa   ☐ ribelle
☐ impegnata   ☐ mite   ☐ fantasiosa   ☐ ubbidiente

3 **Com'è la figlia invece?**

☐ simpatica   ☐ vivace   ☐ pigra   ☐ prepotente
☐ mite   ☐ buona   ☐ viziata

4 **Che cosa insegna questa fiaba?**

....
....
....

I ladroni derubati

Un uomo viveva con la sua famiglia in un piccolo villaggio nel cuore della Sardegna. Con loro abitava anche un servo, un giovane buono che si era sempre dimostrato fedele al suo padrone.

Una sera, mentre padrone e servo tornavano da un mercato, passarono davanti a una vecchia casa, appena fuori dal paese, dove videro entrare dei banditi. Il giorno dopo tornarono e si appostarono vicino alla casa. Sul far della sera di nuovo videro i banditi entrare nella casa portando grosse bisacce[1]. Ne uscirono la mattina dopo all'alba partendo al galoppo con i loro cavalli.

Padrone e servo andarono alla casa anche la sera dopo, e videro la stessa scena.

— Hai capito, Bertu, cosa succede? — chiese il padrone al servo.

---

1. **Bisaccia:** sacca doppia che si porta a cavalcioni sui cavalli o muli.

I ladroni derubati

— Credo di sì. Dopo ogni scorribanda[2] i banditi portano qui il loro bottino e poi se ne vanno.

— Già, in quella casa ci deve essere ogni ben di dio... Sai cosa ti dico? Voglio entrare e prendere un po' dei loro tesori.

— Ma padrone... Questo si chiama rubare!

— Rubare, ma no! — rise l'uomo. — Quando si porta via ai ladri non è rubare, o no?

Il servo non rispose tuttavia, tra sé e sé, pensò che rubare era sempre e comunque rubare anche se le cose erano dei ladri. Sapendo, però, che il suo padrone era un uomo irascibile che non tollerava di essere contraddetto, preferì tacere.

La mattina dopo all'alba, il padrone e il servo si appostarono nelle vicinanze della casa e videro i banditi uscire. Appena se ne furono andati, i due piantarono dei grossi chiodi nel muro uno sull'altro così da formare una specie di scala che conduceva fino alla finestrella. Si arrampicarono su questa scala di chiodi e penetrarono nella casa. Trovarono facilmente i tesori che erano tutti ammucchiati in una stanza e riempirono due bisacce di oro e monete.

Poi se ne andarono lesti lesti.

La mattina dopo all'alba, il padrone volle entrare di nuovo nella casa, infatti era convinto che i banditi non si fossero accorti di nulla. I due di nuovo portarono via due bisacce piene d'oro e di gioielli.

Il giorno dopo il padrone era di nuovo davanti alla casa, ma il servo non era con lui. Era infatti persuaso che questa volta i banditi, accortisi del furto, lo stavano aspettando al varco. Il

2. **Scorribanda:** scorreria di una banda di armati.

padrone però non aveva voluto sentire ragioni ed era andato da solo.

Passarono ore, ma l'uomo non tornava. Allora Bertu decise di andare a vedere ciò che era successo. Penetrò nella casa dei ladri, salì sulla scala di chiodi, ma non entrò subito dalla finestrella. Essendo un uomo cauto, guardò prima e vide una cosa terribile: il suo padrone era dentro un enorme paiolo pieno di pece nera. Il servo era spaventato e dispiaciuto. Quindi era accaduto quello che aveva previsto lui... I banditi si erano accorti che qualcuno rubava nella loro casa, avevano scoperto anche la scala di chiodi e avevano teso una trappola al ladro: avevano messo un paiolo pieno di pece nera bollente proprio sotto la finestra, il padrone, ignaro, ci era caduto dentro ed era morto.

"Ormai non c'è più nulla da fare per lui" pensò il servo, "però è meglio che renda il corpo irriconoscibile."

Quindi, armatosi di coraggio, gli tagliò la testa e la portò via con sé.

I banditi tornarono, come sempre, verso sera e trovarono l'uomo, ma ... senza testa!

— E adesso? Non sappiamo chi era questa persona, così non possiamo andare a casa sua a riprenderci le nostre cose! — s'interrogò il capo bandito.

Ci rimuginò un po' sopra e poi disse:

— Ho avuto un'idea! Andremo in paese e cammineremo lentamente per le strade. Dovremmo stare attenti e tendere le orecchie. Se sentiremo qualcuno che piange un parente, allora avremo trovato il nostro tesoro!

Detto fatto, si recarono in paese, e come aveva detto il capo, si misero a origliare dietro le porte, ma non udirono pianti né

I ladroni derubati

lamenti. D'altra parte come sarebbe stato possibile? Il furbo servo ancora non aveva detto alla padrona che suo marito era morto!

Poiché il piano non aveva avuto successo, il capo bandito decise di mettere il corpo dell'uomo senza testa in una cassa e deporla in centro al paese. Pensava così che la vedova non avrebbe resistito alla tentazione di andare a piangere sulla bara del marito.

Il servo, che era sempre all'erta, passando per il centro del paese, vide la bara con dentro il suo padrone senza testa. Non vide i banditi, ma pensò che molto probabilmente fossero nascosti da qualche parte. Allora, preoccupato che la sua padrona potesse passare, vedere il corpo del marito, riconoscerlo e piangere (svelando così la sua identità ai banditi), andò in un ovile e si fece prestare cento capre. Alle corna di ogni capra legò due candele accese; poi legò altre due candele alla testa del suo cavallo e altre due ancora le sistemò ai lati della testa del suo padrone, che tenne in mano. Poi montò a cavallo e avanzò verso il paese. Era sera ormai e stava facendo buio: lo zoccolio delle cento capre risuonava lugubre sul selciato, mentre l'uomo avanzava solenne tenendo la testa del morto sollevata a mezz'aria. Intanto recitava una specie di litania: – Anime del Purgatorio, venite a me, anime del Purgatorio...

E le capre rispondevano: – Beee...ne, beee...ne, beee...ne!

Questa processione faceva un effetto così terribile che tutti quelli che la vedevano scappavano, e così fecero i banditi che fuggirono a gambe levate.

Tornato a casa, Bertu raccontò tutto alla padrona. Questa pianse calde lacrime, anche se il marito non era mai stato buono con lei. Dopo mesi decise di sposare il servo che era gentile e onesto. Egli comprò con i soldi del padrone un grande gregge di capre e con queste vissero per tutta la vita felici e contenti.

E i banditi? I banditi continuarono con le loro scorrerie finché un giorno degli uomini entrarono nella loro casa, ma non erano ladri bensì le guardie che portarono via il bottino, poi aspettarono i banditi e li arrestarono tutti.

Scopriamo la geografia

La Sardegna è un'isola ed è una regione autonoma a statuto speciale. Per superficie è la seconda isola dell'Italia e del mar Mediterraneo. Il suo territorio è prevalentemente montuoso e collinare. La costa è sia alta e rocciosa, ricca di insenature, grotte e strapiombi, sia bassa e sabbiosa con numerosi stagni costieri dove nidificano molti uccelli acquatici. La sua economia si basa sul settore terziario (servizi, attività imprenditoriali, turismo...). L'agricoltura e l'allevamento, soprattutto ovino e caprino, occupano

superficie: 24.090 km²

popolazione: 1.671.937 abitanti

capoluogo: Cagliari

ancora, secondo la tradizione, un posto di rilievo nell'economia sarda, infatti circa la metà del latte ovino prodotto in Italia proviene da qui.

La spiaggia di Budelli nell'arcipelago della Maddalena.

Tipico... della Sardegna

Una distesa solitaria e selvaggia nell'altopiano di Supramonte nel Parco del Gennargentu. Nel riquadro, un pastore con il suo gregge.

L'elemento messo in rilievo nella fiaba che hai letto è l'allevamento delle capre. La pastorizia è una componente che caratterizza la Sardegna. La bellezza di questa regione, infatti, non è solo quella delle coste e del bel mare azzurro e trasparente, ma anche quella delle grandi distese di terra e roccia in zone semiselvagge e disabitate. Queste zone sono in parte dominio di quei pastori che ancora svolgono il lavoro come un tempo, portando le greggi al pascolo per una parte dell'anno, lontano da tutto e da tutti e formando con i loro animali un legame molto stretto.

Leggere e comprendere

1 **Rispondi.**

1. Chi sono i protagonisti di questa fiaba?

   ....

2. Dove si svolge la vicenda?

   ....

3. Perché i banditi escono ogni mattina dalla casa?

   ....

   ....

4. Con chi va il padrone nella casa le prime due volte?

   ....

5. Che cosa succede la terza volta?

   ....

   ....

6. Il padrone ormai è morto. Che cosa fa il servo con il suo corpo?

   ....

   ....

7. I banditi vogliono capire chi era la persona morta che ha rubato il loro bottino. Che cosa fanno?

   ....

   ....

8. Il servo ha paura che i banditi trovino la vedova. Che cosa fa per evitare questo?

   ....

   ....

9. Come finisce il racconto?

   ....

   ....

10. Perché, secondo te, il servo è ricompensato?

   ....

   ....

Colapesce

Si chiamava Nicola e aveva undici fratelli. Viveva a Messina con la sua famiglia vicino al mare in una casetta piccina piccina, troppo piccina per quella famiglia numerosa. Mentre suo padre e i più grandi dei suoi fratelli andavano a pescare, Nicola passava ore e ore in mare, sguazzando in acqua e giocando con i pesci. Anche quando fu più grandicello non ci fu verso di convincerlo ad andare con suo padre e i suoi fratelli a pescare. Appena sveglio, dopo una semplice colazione, si buttava tra le onde del mare azzurro, s'immergeva e chi lo vedeva più…

Un giorno — era estate e il mare era più bello che mai — Nicola se ne stette via per tutto il giorno.

Ricomparve soltanto quando era sera e stava facendo buio.

Quando varcò l'uscio di casa, sua madre, che sempre lo rimproverava perché, invece che aiutare la famiglia si gingillava in acqua come un bambino, gli chiese dove era stato.

Nicola voleva raccontarle che cosa aveva visto, ma lei lo zittì.

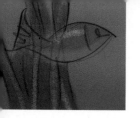

Colapesce

— Raccontalo a noi allora — lo esortarono i fratelli più piccoli, Pino e Michele.

Questi infatti nutrivano un grande affetto per quel fratello grande e grosso che dal mare portava loro sempre bellissime conchiglie e scintillanti stelle marine.

E allora lui:

— Là sotto ho visto grotte piene di piante splendenti come gioielli, dimore sottomarine di città più antiche del mondo stesso che, chissà quando, furono inghiottite dal mare, foreste infinite di coralli rossi… Voi non immaginate neppure…

— Ah, Nicola! — Esplose la madre. — Basta con 'ste storie. Saranno belle e magiche ma con esse non puoi nutrire te stesso e la tua famiglia! Pensa invece a prendere i pesci come fanno gli altri tuoi fratelli!

Nicola era buono e generoso e avrebbe fatto qualsiasi cosa per la sua famiglia ma pescare proprio no: infatti lui considerava i pesci come degli amici.

Così rispose alla madre che non poteva farlo.

— E allora che tu possa diventare davvero un pesce — strillò la donna al colmo della rabbia.

Incredibile, ma qualcuno lassù (qualcuno di potente!) udì la madre e Nicola si trasformò. Non in un pesce completo, ma in un mezzo pesce. Gli spuntarono le branchie alla gola e gli vennero le dita palmate. Per il resto restò uomo. Pensate che se ne dispiacesse? Neanche un po'!

Adesso, per giorni e giorni, restava lontano da casa, immerso nelle profondità del mare. Qui viveva la sua vita. I pesci ormai lo conoscevano e lo trattavano come uno di loro. Con essi filava veloce nelle acque del mare, giocava con i loro piccoli,

Colapesce

dormiva tra le alghe, s'innamorava delle belle sirene. Inoltre aveva trovato un mezzo comodo per fare lunghi viaggi senza fatica: si faceva inghiottire da un qualche pesce gigantesco, che viaggiava nelle profondità del mare.

In questo modo girò tutti i mari e gli oceani del mondo.

Dopo tante e lunghe peregrinazioni, infine, tornò al suo mare, il mare della Sicilia. Qui Colapesce, ormai tutto lo chiamavano così, fu portato al cospetto dell'imperatore che voleva conoscerlo, farsi raccontare che cosa aveva fatto e chiedergli di fare una cosa per lui.

Così salirono su una nave che in poco tempo arrivò al largo. Qui l'imperatore buttò una coppa d'oro in acqua e chiese a Colapesce di riportargliela. Appena fatto, gliela regalò.

Colapesce stava per andarsene, ma l'imperatore lo fermò e gli chiese di restare con lui.

E Colapesce restò. Nei giorni seguenti lui e l'imperatore passarono tanto tempo insieme e divennero amici. Colapesce gli raccontava delle sue avventure e delle cose che aveva visto, l'imperatore ascoltava e chiedeva sempre nuovi particolari, finché un giorno gli disse che voleva sapere su che cosa poggiasse l'isola.

Poiché Colapesce obbediva sempre agli ordini del suo sovrano, si tuffò. Dopo ore riemerse. Era affaticato, come nessuno lo aveva mai visto. Prima di allora era stato negli abissi del mare, ma mai così in profondità.

Raccontò quindi all'imperatore che la Sicilia poggiava su tre colonne. Due erano forti e intatte, la terza però era vacillante perché il fuoco la consumava, un fuoco ardente tra Catania e Messina.

Fiaba della **Sicilia**

L'imperatore stupito gli chiese di portargliene un po'.

— Ma io non posso portarle il fuoco, Vostra maestà. Mi brucerò — disse Colapesce.

— Sciocchezze! — lo rimbrottò il sovrano, che fino a quel momento era stato un amico per Colapesce, ma che ora rivelava in pieno la sua natura capricciosa di monarca. — Sei o non sei il grande Colapesce che può tutto? Va bene, ho capito. Hai paura, Confessalo: hai paura!

— No, signore, non è così. Colapesce non ha paura di niente.

Stava per tuffarsi quando si fermò di colpo. Guardò l'imperatore diritto in volto e disse:

— Vostra maestà, adesso scenderò là sotto, prenderò il fuoco e ve lo porterò. Se però invece che vedere Colapesce, vedrete una macchia di sangue, allora significa che non tornerò più.

Colapesce si tuffò in mare. Nel frattempo tanta gente era accorsa a vedere, insieme all'imperatore e alla sua corte, l'impresa di Colapesce. Passò un'ora, e poi un'altra ora, ma di Colapesce nessuna traccia, finché improvvisamente un bambino gridò: — Guardate guardate!

Una macchia di sangue era apparsa proprio nel punto in cui il giovane si era immerso.

Colapesce era sceso giù giù fino al fondo dove l'acqua prendeva il colore del fuoco e poi ancora più giù dove ribolliva e dove neppure il pesce più duro e resistente poteva vivere. Cosa era successo nelle profondità infuocate del mare? Nessuno può saperlo, perché Colapesce non riapparve mai più. Forse era morto, ma c'è chi dice, che sia ancora laggiù a sorreggere la terza colonna vacillante su cui poggia la Sicilia. Perché Cola amava il mare, ma amava anche la sua terra.

Scopriamo la geografia

La Sicilia è la regione più grande d'Italia e l'isola più estesa del mar Mediterraneo. È una regione autonoma a statuto speciale come la Valle d'Aosta, il Trentino Alto Adige, il Friuli Venezia Giulia e la Sardegna. Questa regione è in gran parte collinare, questi rilievi occupano più della metà del suo territorio. Per circa un quarto è montuosa, per il restante 15% è pianeggiante. L'economia della regione è basata sull'agricoltura (cereali e agrumi) e sulla pesca; l'industria è costituita da cantieri navali e complessi petrolchimici. Il terziario è in continua crescita e una risorsa importante è rappresentata dal turismo.

superficie: 25.711 km²

popolazione: 5.042.781 abitanti

capoluogo: Palermo

La Sicilia è ricca di testimonianze della civiltà greca.
Questo è il Tempio di Era a Selinunte.

Tipico... della Sicilia

L'Etna in una immagine particolarmente suggestiva. Anche le isole Eolie, a circa 40 km dalla costa siciliana, sono di origine vulcanica. Nell'immagine piccola il vulcano di Stromboli in continua attività.

Il fuoco che trova Colapesce sul fondo del mare è il fuoco di un vulcano. Il protagonista indica piuttosto esattamente dove si trova, cioè tra Catania e Messina. Proprio qui sorge il monte Etna, che si può vedere dallo Stretto di Messina. L'Etna è un vulcano molto alto (circa 3340 metri) la cui altezza, tuttavia, varia nel tempo a causa delle sue eruzioni. È il vulcano attivo più alto d'Europa e uno dei più alti del mondo. Ha avuto parecchie eruzioni, tra cui la più lunga, a memoria storica, è quella del 1614. Tra le ultime eruzioni la più lunga (più di 400 giorni!) è stata quella del maggio 2008.

Leggere e comprendere

1 **Indica l'affermazione corretta.**

1. Colapesce ha una famiglia
   - **a.** ☐ povera e numerosa.
   - **b.** ☐ ricca e numerosa.

2. Colapesce ama
   - **a.** ☐ nuotare.
   - **b.** ☐ pescare.

3. La madre di Colapesce era spesso
   - **a.** ☐ contenta di lui.
   - **b.** ☐ arrabbiata con lui.

4. Colapesce si trasforma
   - **a.** ☐ per una frase della madre.
   - **b.** ☐ per opera di un mago.

5. Colapesce
   - **a.** ☐ sta sempre nel mare vicino casa.
   - **b.** ☐ viaggia in tutti i mari.

6. Colapesce ha con i pesci
   - **a.** ☐ cattivi rapporti.
   - **b.** ☐ buoni rapporti.

2 **Rispondi alle domande riguardo la seconda parte della fiaba.**

1. Che cosa vuole sapere l'imperatore da Colapesce?

   ....

2. Perché Colapesce ha paura a portare il fuoco all'imperatore?

   ....

3. Che cosa si racconta sulla fine di Colapesce?

   ....

Colapesce non è la sola creatura mezzo uomo e mezzopesce nel magico mondo delle fiabe. Ce ne sono anche altre che vengono nominate proprio in questa fiaba: le sirene. Le sirene sono creature marine metà pesce e metà donna. Compaiono nella mitologia ma anche in tante altre fiabe così come in film e in cartoni animati. Tu hai mai visto un film, un cartone o una fiaba in cui le sirene erano le protagoniste?

Prezzemolina

C'era una volta una coppia di giovani sposi. Abitavano in una casetta che aveva una finestra che si affacciava su un grande campo, pieno di prezzemolo. La donna, che si chiamava Matilde, aspettava un bambino e moriva dalla voglia di prezzemolo.

Sapeva però che quell'orto apparteneva a due orchesse e che se ne avesse preso, queste si sarebbero vendicate. Ciononostante la sua voglia aumentava giorno dopo giorno sempre di più e un giorno non si trattenne più. Scese nel campo quatta quatta e mangiò a più non posso. E così il giorno dopo e per i giorni seguenti.

Un pomeriggio le orchesse tuttavia, osservando il campo, si accorsero che in una parte del campo era sparito il prezzemolo. Decisero quindi di nascondersi e vedere chi entrava nel loro campo a rubare.

La mattina dopo, nascoste dietro a un albero del campo,

Prezzemolina

videro la loro vicina che vi entrava, coglieva il prezzemolo e lo mangiava a gran bocconi.

— Ah maledetta! Ti abbiamo beccato! — Gridarono le due saltando fuori dal loro nascondiglio. — Ora puoi fare una sola cosa per salvarti la vita. Devi darci il tuo bambino quando nascerà.

— No, vi prego, io... — cercò di dire Matilde.

— Non sei d'accordo? Bene allora ti mangiamo subito.

— No, no, va bene. Il bambino sarà vostro — si arrese lei.

Solo a questo punto la lasciarono andare. Lei fuggì dal campo a gambe levate (per quanto la grossa pancia glielo permettesse) e a casa raccontò tutto al marito. Questi prima la rimproverò per l'imprudenza, poi vistala disperata cercò di consolarla:

— Deve passare ancora tanto tempo, forse quelle malvagie se ne dimenticheranno e comunque, quando verrà il momento, ci penseremo. Adesso tu pensa solo alla tua creatura.

Passarono i mesi e infine nacque la "creatura", una bambina che chiamarono Prezzemolina. Era una bambina bellissima dai capelli biondi come le pannocchie del grano e gli occhi azzurri come le acque di un laghetto di montagna.

Passarono gli anni e la bambina divenne fanciulla, una fanciulla bella, buona e dolce. E un giorno le orchesse decisero che era il momento di prendersi ciò che gli spettava. Cogliendo il momento in cui Prezzemolina era sola, entrarono nel giardino e la rapirono. La portarono lontano dalla loro casa, in un bosco dove la rinchiusero in una torre altissima senza porte e con una sola finestra da cui poteva guardare fuori. Ma altro non c'era da vedere che alberi e cespugli perché la torre era nel mezzo di un fitto bosco.

Fiaba della **Toscana**

Dovete sapere che Prezzemolina aveva dei capelli lunghissimi, che le orchesse avevano acconciato in una treccia. Ogni volta che le orchesse arrivavano lei doveva farla pendere attraverso la finestra. L'orchessa più giovane vi si arrampicava, entrava nella torre, lasciava il cibo per Prezzemolina e poi scendeva, sempre attaccandosi alla treccia.

Un giorno di sole Prezzemolina, affacciata alla finestra, si sciolse i capelli. Proprio in quel momento passò il figlio del re, un giovane bello e attraente, che stava andando a caccia. Vedendo quei capelli scintillanti come l'oro, si fermò incantato. Quando guardò più attentamente vide che quei capelli appartenevano a una ragazza, e bella per giunta!

Anche Prezzemolina lo vide e subito tra i due si accese la fiammella dell'amore.

I giorni seguenti il principe tornò; lui dal basso, lei dall'alto della cupa torre si guardavano e si scambiavano dolci parole d'amore e sospiri, finché il giovane decise di arrampicarsi fin dentro la torre per mezzo della treccia di Prezzemolina. Il principe tornò ancora e ancora. Più tempo trascorrevano insieme, più i due giovani si amavano. Un giorno il principe decise che così non poteva continuare.

— Tu non devi stare rinchiusa in questa brutta torre, devi venire con me a palazzo. Ti sposerò e saremo felici.

— Oh sì, lo desidero tanto.. ma come faccio a uscire di qui? E poi... ci sono le orchesse...

— Tu qualche giorno fa mi hai parlato di tre ghiande che hai trovato nascoste sotto il pavimento nella torre. Sono sicuro che sono magiche come le orchesse. Tu tieni in tasca le tre ghiande. Al resto penso io.

Prezzemolina

Il giorno dopo il principe ritornò con la corda. E i due si calarono dalla torre. Si inoltrarono veloci nel bosco, ma improvvisamente sentirono dei passi dietro di loro. Erano le orchesse che correvano come levrieri dietro ai due giovani e gridavano come ossesse:

— Se ti prendiamo, Prezzemolina, ti mangiamo.

Li avevano quasi raggiunti quando il principe ricordò a Prezzemolina le ghiande.

— Buttane una a terra! È la nostra ultima speranza.

Prezzemolina prese una delle ghiande dalla tasca e la buttò a terra.

Fiaba della **Toscana**

Apparve come dal nulla un cane mastino enorme con una bocca da cui spuntavano zanne aguzze che, ringhiando, si avventò contro le orchesse. La più anziana gli gettò un grosso pezzo di pane. L'animale lo prese al volo e si fermò a masticarlo. Intanto le orchesse ripresero a correre dietro ai due giovani. In poco tempo gli furono di nuovo addosso.

— Butta la seconda ghianda!!! — disse il principe a Prezzemolina.

E Prezzemolina gettò la seconda ghianda. Ne uscì un leone. Grosso e spaventoso, dalle sue fauci emise un ruggito da far accapponare la pelle. In un batter d'occhio l'orchessa più giovane si trasformò in un topolino. Al leone si rizzarono i peli sulla testa e fece dietro front.

Le due orchesse ripresero a correre di gran carriera dietro a Prezzemolina e al principe. Di nuovo stavano per raggiungerli quando il principe disse:

— Butta la terza ghianda, amore! È la nostra ultima speranza.

E Prezzemolina buttò la terza ghianda. Da essa uscì un lupo enorme dagli occhi gialli e la bava che gli colava ai lati della bocca. Le due orchesse non se lo aspettavano.

— Doveva essere un gatto selvatico — disse quella più giovane che si era già trasformata in un grosso cane.

Il lupo si avventò contro di essa e la inghiottì in un solo boccone, poi si volse all'altra che fuggì a gambe levate e lui dietro che la inseguiva!

I due giovani erano salvi. Il principe portò Prezzemolina a palazzo e la sposò come aveva promesso. Alla grande festa furono invitati anche i genitori della ragazza e tutti vissero felici e contenti.

Scopriamo la geografia

La Toscana è una delle regioni più estese d'Italia. Il suo territorio è per la maggior parte collinare, ma comprende anche massicci montuosi e qualche pianura. Per quasi 400 km è bagnata dal mar Tirreno e le numerose isole esistenti, tra cui la più grande isola d'Elba, fanno parte del Parco Nazionale dell'Arcipelago Toscano.

Firenze è la città più grande e popolosa, ricca di arte, chiese e monumenti. Anche altre città toscane sono famose per le loro ricchezze artistiche e culturali: Pisa, Lucca, Arezzo...
L'economia della regione si basa sul settore terziario (trasporti, turismo, commercio). Vi sono anche molte zone industriali e l'agricoltura riveste una certa importanza, sebbene occupi una parte minore della popolazione.

 superficie: 22.993 km²
popolazione:
3.730.010 abitanti
capoluogo: Firenze

Panorama di Firenze
con il Duomo e Palazzo Vecchio.

Tipico... della Toscana

Non è un caso che Prezzemolina venga rinchiusa dalle orchesse in una torre. Infatti castelli, fortezze, rocche e torri sono presenti dappertutto in Toscana. Sono le tracce ancora ben visibili del passato di questa regione: dall'alto Medioevo fino al Rinascimento le famiglie più ricche e nobili hanno eretto monumenti che costituiscono un patrimonio artistico unico.

Tra le torri più famose ci sono le sedici torri di San Gimignano, un paese in provincia di Firenze, che ancora oggi svettano sul panorama collinare circostante. La torre più antica è la Torre del Podestà, detta la Rognosa, che è alta 51 metri, mentre

San Gimignano con le sue torri.

la più alta è la Torre Grossa, di 54 metri.

E proprio a una di queste torri che vedi nell'immagine potrebbe assomigliare quella in cui le orchesse rinchiusero la povera Prezzemolina.

Leggere e comprendere

1 **Scegli con una X la giusta alternativa.**

1. Prezzemolina viene rapita e portata in una torre
   - **a.** ☐ senza porta né finestre.
   - **b.** ☐ con porte e finestre.
   - **c.** ☐ senza porte ma con una finestra.

2. L'orchessa sale nella cella di Prezzemolina
   - **a.** ☐ arrampicandosi sulla treccia della ragazza.
   - **b.** ☐ salendo le scale.
   - **c.** ☐ calandosi dal tetto.

3. Il principe vede Prezzemolina
   - **a.** ☐ mentre sta cacciando un cervo.
   - **b.** ☐ mentre l'orchessa sta salendo sulla torre.
   - **c.** ☐ perché si scioglie i capelli.

4. Il principe riesce a salire nella cella di Prezzemolina. Qui
   - **a.** ☐ s'innamorano ancora di più.
   - **b.** ☐ decidono di uccidere le orchesse.
   - **c.** ☐ decidono di fuggire all'estero.

5. Prezzemolina ha le ghiande in tasca
   - **a.** ☐ perché le ha portate da casa.
   - **b.** ☐ perché le ha trovate nel pavimento della cella della torre.
   - **c.** ☐ perché gliele ha date una delle orchesse.

2 **In quali animali si trasformano le ghiande? Scrivili in ordine di apparizione.**

1. .... 2............................ 3.............................

3 **Come finisce la storia?**

....

....

....

Gli gnomi e il calzolaio

Il sole tramontava dietro le alte vette dei monti della Val Badia quando il povero Toni, il calzolaio del paese, ancora lavorava nel suo laboratorio.

— Non vieni a cenare Toni? — gli chiese la moglie.

— No, ancora qualche minuto — rispose lui. — Sto preparando il materiale per lavorare domani. Devo fare il paio di scarpe per il signor Tre. Per una volta che un vero signore si rivolge a me...

— Non è certo la prima volta — ribatté la moglie.

— No, non è la prima volta nella mia vita, ma la prima volta dopo tanto tempo. Sai bene che ormai da mesi abbiamo poco lavoro, soprattutto da parte di persone benestanti che vogliono scarpe belle e fatte bene.

— Non è colpa tua, mio caro.

— No, non è colpa mia. Io ho sempre lavorato sodo. Cosa vuoi... è la vita...

E con queste amare parole il calzolaio completò il suo lavoro.

Gli gnomi e il calzolaio

Salì poi con la moglie al piano superiore della sua casetta dove si trovava la cucina. Mangiarono insieme un pasto frugale[1] e andarono a letto.

La mattina dopo si svegliò di buon'ora e subito tornò al lavoro. Immaginate la sua sorpresa quando, sul desco[2], trovò le scarpe già belle che pronte.

"Perbacco! Come possono essere pronte?" pensò il calzolaio. "Ieri ho preparato solo l'occorrente per farle, ma non le ho lavorate."

Prese le scarpe in mano per osservarle meglio. Erano perfette! Non c'era un punto sbagliato: erano un vero e proprio capolavoro!

La mattina stessa passò il signor Tre, colui che gli aveva commissionato quelle scarpe e si dimostrò molto contento nel trovare le scarpe pronte e belle. L'uomo era tanto soddisfatto che il giorno stesso mostrò a tutti gli amici il bel paio di scarpe che gli aveva realizzato il calzolaio.

Nel pomeriggio due nuovi clienti (amici del signor Tre) entrarono nella bottega e gli commissionarono delle nuove scarpe. La mattina dopo il calzolaio fu in bottega prima che il sole sorgesse nella valle, ma di nuovo sul desco trovò le scarpe già fatte. Studiò anche queste con attenzione.

"Sono dei veri capolavori" si disse. E le mise sul desco pronte per quando i due clienti sarebbero venuti a ritirarle.

Poiché il calzolaio era un uomo laborioso che non riusciva a stare con le mani in mano, andò subito a rifornirsi di nuovo

1. **Frugale:** semplice, senza pretese.
2. **Desco:** tavola su cui si mangia.

cuoio per fabbricare nuove scarpe e quando tornò, i suoi clienti lo aspettavano fuori della bottega per chiedergli come andasse il lavoro. Lui consegnò loro le scarpe.

— Ah, sono già finite… Ma lei è un vero fenomeno! — esclamarono quelli che pagarono subito con moneta sonante.

Quel pomeriggio stesso arrivarono altri clienti per il calzolaio che, come ogni sera, preparò sul desco l'occorrente per il lavoro dell'indomani.

— Questa notte però — disse alla moglie — voglio stare sveglio e vedere chi viene ogni notte e lavora al posto mio.

Così quella sera l'uomo si nascose insieme alla moglie in un angolo buio del laboratorio e qui si misero in attesa.

Gli gnomi e il calzolaio

Appena fu scoccata la mezzanotte sentirono dei rumori. La porta si aprì cigolando e due piccoli gnomi apparvero. Indossavano soltanto una magliettina e dei miseri pantaloncini. Uno di loro portava una lanterna. Si sedettero al desco, presero il martello, i chiodini e si misero a lavorare. Cucivano, foravano, battevano con impegno e senza pausa. E non smisero finché le scarpe non furono belle che pronte. Poi svelti come erano venuti se ne andarono.

— Hai visto? — esclamò la moglie.

— Sì, sono due gnomi, e come lavorano bene! — Fece il calzolaio. — Così veloci e precisi...

— Indossano vestiti leggeri leggeri, troppo leggeri per il freddo che fa nella nostra valle. Cosa dici se cucio per loro una camicina, una giacca, un panciotto e un paio di pantaloni e tu gli lasci tutto sul desco? Anzi... tu potresti aggiungere un paio di scarpine.

— Sì, hai ragione. Dobbiamo mostrare riconoscenza ai due ometti che sono stati gentili con noi.

Tutta la giornata il calzolaio e la moglie lavorarono per fare abiti e scarpe per i due gnomi, mentre nella bottega del calzolaio continuavano ad arrivare clienti, perché ormai lui e le sue scarpe erano famosi in tutta la valle e oltre.

Quella notte i due si nascosero di nuovo nell'angolo buio della bottega. A mezzanotte, puntualissimi, arrivarono gli gnomi. Si sedettero al desco e subito videro i vestiti e le scarpine.

Senza un attimo di esitazione li indossarono. Tutto calzava alla perfezione. Si misero a saltare e a ballare per la bottega guardandosi l'uno l'altro. E poi se ne andarono cantando.

Scopriamo la geografia

Il Trentino Alto Adige è una regione autonoma. È divisa in due zone: a sud il Trentino e a nord l'Alto Adige. Il territorio è completamente montuoso ed è occupato dalle Alpi Orientali di cui fanno parte le Dolomiti. Ci sono molte zone verdi protette: dieci parchi provinciali e il Parco Nazionale dello Stelvio.

In Trentino Alto Adige si parlano tre lingue: l'italiano, il tedesco e il ladino. L'economia della regione si fonda sul turismo, sull'agricoltura (produzione di mele e vigneti),

 superficie: 13.607 km²

popolazione:
1.021.857 abitanti

capoluogo: Trento

sull'allevamento dei bovini e sull'industria del legno e della carta.

Le acque trasparenti del lago di Landro, sullo sfondo il Cristallo.

Tipico... del Trentino-Alto Adige

Il Sassongher (2665 m), nelle Dolomiti, domina con la sua mole imponente i paesi di Corvara e Colfosco in Alta Val Badia. Nell'ovale: l'intaglio del legno tipica attività artigianale della regione.

Questa storia è ambientata nella Val Badia. Come hai letto nella presentazione della regione, il Trentino-Alto Adige è una regione montuosa. Tante sono le montagne e le valli e tra queste ci sono valli famose e pittoresche come la Val Badia. Questa si trova nell'Alto Adige, nelle bellissime Dolomiti, dichiarate patrimonio dell'umanità dall'Unesco, e ha anche un nome tedesco: Gadertal. Vi si parla prevalentemente la lingua ladina (oltre quella tedesca e italiana), ed è un rinomato centro turistico per le sue bellezze naturali e per le sue piste da sci. Diversi abitanti della valle praticano ancora oggi con grande abilità attività artigianali come la tessitura, la scultura e la decorazione del legno.

Leggere e comprendere

1 **Scegli con una X la giusta alternativa.**

1. Il calzolaio è povero perché
   a. ☐ lavora poco.
   b. ☐ lavora male.
   c. ☐ ha pochi clienti.

2. Di sera il calzolaio prepara il lavoro da fare
   a. ☐ durante la notte.
   b. ☐ il giorno dopo.
   c. ☐ la sera stessa.

3. Per diverse mattine di seguito il calzolaio trova sul desco
   a. ☐ dei vestitini.
   b. ☐ il materiale per le scarpe da realizzare.
   c. ☐ le scarpe già realizzate.

4. Una sera il calzolaio decide di restare nel laboratorio per vedere cosa succede. Di notte arrivano
   a. ☐ due gnomi.
   b. ☐ due piccoli mostri.
   c. ☐ due nuovi clienti.

5. Gli gnomi
   a. ☐ disfano il lavoro fatto dal calzolaio e lo rifanno.
   b. ☐ lavorano per lui.
   c. ☐ saltano e ballano.

6. Vedendo i vestiti e le scarpine realizzati dal calzolaio e dalla moglie, gli gnomi
   a. ☐ sono molto contenti, ma non torneranno più.
   b. ☐ sono molto contenti e torneranno sempre per gratitudine.
   c. ☐ non sono contenti, anzi sono molto arrabbiati.

7. Il calzolaio senza l'aiuto degli gnomi
   a. ☐ realizza delle scarpe brutte e perde i clienti.
   b. ☐ continua a lavorare con soddisfazione.
   c. ☐ perde la creatività.

La storia di Guerino

C'era una volta un prode cavaliere il cui nome era Guerino.

Egli aveva combattuto a Gerusalemme e poi a Costantinopoli, infine aveva deciso di tornare in Italia alla ricerca dei suoi genitori scomparsi.

— Come pensi di ritrovarli dopo tanti anni? — gli aveva chiesto un amico.

— Ho saputo — aveva risposto il cavaliere — che sui monti Sibillini abita la maga Sibilla. Ella sa tutto.

— E da lei ti aspetti che ti dica dove si trovano i tuoi genitori?

— Proprio così.

Detto questo, Guerino partì, andò da Costantinopoli alla Sicilia fino all'Italia centrale.

Qui giunse alla città di Norcia dove soggiornò in una locanda. Chiese all'oste la via per i monti Sibillini.

Fiaba dell'**Umbria**

L'oste gliela indicò, ma gli domandò anche cosa volesse lassù.

— Voglio incontrare la maga — rispose il Guerino.

L'oste scosse la testa.

— Non te lo consiglio proprio.

— Perché?

— Perché nessuno di coloro che sono saliti lassù è mai tornato.

Ma Guerino era deciso a scoprire la verità e proseguì il viaggio.

Sui monti Sibillini incontrò altre persone, contadini, pastori, e sacerdoti, e tutti ma proprio tutti gli sconsigliavano di continuare.

— Molti cavalieri sono andati e mai più tornati — gli dicevano. — Probabilmente sono morti lassù.

— Pochi giorni or sono — gli disse un altro — tre ragazzi sono saliti lassù e non hanno fatto ritorno.

Ma nessuno lo dissuase.

— Sono un cavaliere — diceva — e devo conoscere le mie origini. Non voglio essere per sempre il figlio di uno sconosciuto. Solo la maga può dirmelo e allora io vedrò la maga.

Cammina cammina, si trovò a scalare un'erta montagna difficile e pericolosa. Dovette superare burroni e, in parecchi tratti, scalare la roccia con le mani e i piedi.

Ed ecco infine che giunse alla grotta in cui abitava la maga Sibilla.

Prima di entrare giunse le mani e pregò Dio di stargli accanto e di sostenerlo nella sua impresa. Poi varcò l'ingresso della grotta e percorse un sentiero pieno di serpenti.

La storia di Guerino

Arrivato a un portone di ferro, lo aprì e davanti a lui si delineò uno scenario che mai si sarebbe aspettato in un luogo così. Era il regno incantato della maga con castelli d'oro, ville lussuose, giardini lussureggianti, bellissime fanciulle. Tre di queste lo portarono dalla maga, anch'ella bella come una dea, a cui il cavaliere espose la ragione della sua visita.

Ella lo ascoltò volentieri e gli disse:

— Se starai qui, presto verrà il momento in cui te lo svelerò.

— E quando sarà questo momento?

— Lo saprò io — rispose la maga. — Intanto lasciati andare ai tuoi desideri, mio bel cavaliere.

Per giorni e giorni, ella, insieme alle fanciulle, cercò di indurre il cavaliere al peccato e di fargli perdere la sua anima. Fin a quel momento nessuno aveva resistito alle lusinghe della maga: tutti coloro che erano entrati in quella grotta (e che non erano più usciti) avevano ceduto e proprio per questo erano stati trasformati in schifosi animali. Guerino, tuttavia, non cedette mai né ai peccati di gola, né a quelli della carne né ai desideri di ricchezza. Per mesi restò nella grotta sperando che la maga mantenesse la sua promessa e che gli dicesse il nome che tanto agognava, ma questo non accadde.

— Ella vuole solo che io mi perda — si disse. — Me ne devo andare prima che accada il peggio. Troverò da qualche altra parte ciò che non ho trovato qui.

Erano passati ben sette mesi quando lasciò la grotta.

Discese fino a valle, riprese il cavallo e andò a Roma dove venne accolto dal papa.

Dopo poco questi gli chiese di andare in Puglia a combattere per la fede. Qui egli si trovò a difendere re Guiscardo dai Saraceni.

Fu una lotta lunga e dura, ma infine il tenace cavaliere riuscì a salvare il re e due anziani prigionieri, re Milone e la regina Fenisia. E presto egli scoprì che essi erano i suoi genitori!

Infine dunque grazie alla sua perseveranza, alla fede e alla sua purezza aveva saputo ciò che desiderava.

Scopriamo la geografia

L'Umbria, una delle regioni italiane più piccole, si trova nell'Italia centrale, non ha sbocchi sul mare ed è occupata prevalentemente da colline e dalla fascia montuosa dell'Appennino Umbro-marchigiano.

L'economia dell'Umbria si basa soprattutto su industria, artigianato, agricoltura.

La regione ha bellissime città d'arte, ricche di palazzi e chiese che attraggono un forte flusso di turisti. Assisi è la meta religiosa più frequentata.

 superficie: 8.456 km²

popolazione:
900.291 abitanti

capoluogo: Perugia

La basilica di San Francesco ad Assisi.

Tipico... dell'Umbria

Gran parte dell'avventura del cavaliere Guerino si svolge nell'area dei monti Sibillini. Questi monti, con cime che superano i 2000 metri, si trovano tra Marche e Umbria. Sono costituiti da gole, grotte e rocce calcaree. Intorno a quest'area sono nate tante leggende che hanno contribuito a creare un'aura di mistero. La più diffusa di queste leggende riguarda proprio la maga Sibilla che si dice avesse la sua dimora, una specie di antro infernale, proprio in una di queste cavità sotterranee. La grotta della Sibilla, detta anche "grotta delle fate", è raggiungibile solo a piedi e si trova sul monte Sibilla.

La gola dell'Infernaccio
e una veduta dei monti Sibillini.

Leggere e comprendere

1. **Rispondi.**

1. Chi è Guerino?

....

2. Che cosa cerca?

....

3. Perché Guerino vuole consultare la Sibilla?

....

4. Chi è la Sibilla?

....

5. Dove abita?

....

6. Perché tutti sconsigliano Guerino di recarsi dalla Sibilla?

....

7. Che cosa trova arrivato alla grotta della Sibilla?

....

8. Che cosa cerca di fare la maga?

....

9. Che cosa accade quando Guerino lascia la grotta dopo sette mesi?

....

....

....

2. **Quali sono le doti dimostrate da Guerino?**

....

....

3. **Qual è l'insegnamento che vuole dare questo racconto?**

....

....

....

La fata del lago

C'era una volta un lago. Si trovava nella conca di Prez tra le cime innevate. Sulla riva destra di questo lago, tra erbe verdi e fresche e fiori bellissimi, c'era una grotta e in questa grotta viveva una fata. Non era né buona né cattiva, ma si prendeva cura del lago le cui acque si mantenevano sempre limpide e pulite e irrigavano i campi e i prati intorno che rimanevano sempre verdi e rigogliosi.

La gente del luogo non sapeva molto della fata, ma nutriva un grande affetto per lei, perché faceva del bene a tutti con il suo amore per il lago. Spesso ella cantava e la sua voce dolcissima, che riempiva gli abitanti del villaggio di gioia e serenità, si udiva provenire dalla sua grotta.

Si diceva che la fata fosse bella ma nessuno l'aveva mai vista con i propri occhi perché ella non voleva essere vista da

La fata del lago

nessun essere umano. Anzi, quando qualcuno si avvicinava, si trasformava in un serpente per nascondersi.

Un giorno due pastorelli se ne stavano seduti tranquilli sotto un roccia quando sentirono il canto della fata. Essi venivano da un altro villaggio e non sapevano dell'abitudine della fata di cantare.

— Chi canta così? — chiese il più grande dei due.

— Non so, ma è un canto meraviglioso — commentò l'altro.

— Io non conosco nessuno che sappia cantare così bene.

La voce si avvicinava e i due rimasero in ascolto in silenzio.

Ed ecco sbucare da un cespuglio la fata! Era bellissima, alta e snella con i capelli biondi che la avvolgevano tutta come un manto.

I ragazzi, che non avevano mai visto una donna tanto bella, saltarono in piedi.

— È la fata del lago! — esclamò il più grande.

— Shh, silenzio, così la spaventi! — lo rimproverò l'altro.

Ma era troppo tardi. Ormai la fata si era accorta della loro presenza. Fuggì via più veloce del vento, tanto veloce che sembrava volare sopra l'erba. I due pastorelli istintivamente la seguirono, ma ben presto la persero di vista. Fermi sulla riva si guardavano intorno.

— Guarda! — esclamò il più piccolo indicando l'altra sponda. — Guarda dall'altra parte della riva.

Il maggiore guardò e vide un grosso serpente. Era uno strano serpente perché era coperto da squame d'oro che rilucevano al sole.

— Per tutti i diavoli! — esclamò il maggiore. — Che creatura spaventosa!

— Sì, è proprio un mostro orribile — fece l'altro.

I due fuggirono a gambe levate e si dimenticarono della fata.

Da allora per giorni nessun canto si levò dal lago, ma spesso coloro che passavano da lì vedevano il serpente che se ne stava avvoltolato al sole.

Un giorno un cacciatore passò dalla sponda del lago dove si trovava il serpente e lo vide. L'animale stava specchiandosi nelle chiare acque del lago e non fece in tempo a nascondersi né a fuggire.

L'uomo lo colpì. Una macchia di sangue apparve sulle squame dorate del serpente che, colpito a morte, scivolò lentamente nelle acque del lago. Le acque si tinsero di rosso e ribollirono di sangue. L'acqua cominciò a defluire nel torrente Pacolla e poi nel fiume Lys tingendo anche questo di rosso. Era morta la fata e con lei era morto anche il lago. Tutt'intorno a esso la vegetazione si inaridì, le piante morirono, le sorgenti si spensero. Tutta la conca si intristì a poco a poco e scomparve ogni traccia di quel bellissimo lago che la bella fata aveva curato per così tanto tempo.

Scopriamo la geografia

La Valle d'Aosta è una delle cinque regioni a statuto speciale, con un territorio quasi interamente montuoso. È la regione più piccola d'Italia e anche quella meno popolata. La popolazione si concentra nella vallata centrale, mentre in quelle laterali (Valle d'Ayas, Valle di Gressoney) sono situati i centri turistici. In Valle d'Aosta ci sono due lingue ufficiali: l'italiano e il francese; molto diffuso è anche il *patois*, un dialetto franco-provenzale. La sua economia si basa sull'industria e sul turismo, la principale risorsa della regione.

superficie: 3.263 km²

popolazione: 126.660 abitanti

capoluogo: Aosta

Il Massiccio del Gran Paradiso visto dalla Valnontey, in primo piano fioritura di garofanino maggiore.

Tipico... della Valle d'Aosta

Questa fiaba è ambientata nella località di Praz a 1756 metri di altezza. Qui un tempo c'era una conca che portava lo stesso nome del villaggio e, tanto tempo fa, qui si trovava anche un lago. Ma se questo bacino si è

prosciugato, tuttavia in Valle d'Aosta si trovano tanti altri laghi e sorgenti come quella che sgorga vicino a Pré-Saint-Didier, in una conca alpina diventata famosa per le sue acque termali.

Il paese di
Pré-Saint-Didier.

Il lago di Arpy, di origine glaciale, si trova nel territorio di Morgex.

Leggere e comprendere

1 **Completa la sintesi della fiaba.**

Sulle rive del lago che si trovava nella ....
viveva una fata che si .... Spesso cantava
con voce dolcissima. Si diceva che ....,
ma ...., anzi quando qualcuno .... Un giorno
due .... sentirono il ...., che a un certo punto
sbucò da dietro un cespuglio. Ma all'improvviso ....
Da allora la gente che passava di lì vedeva solo ....
Un giorno un cacciatore passò dalla sponda del lago e vide il serpente,
allora .... Lentamente il serpente scivolò nelle acque del
lago che .... Da quel giorno ....

2 **Segna V (vero) o F (falso).**

		V	F
a.	Nessuno aveva mai visto la fata.	☐	☐
b.	La fata abitava sulla sponda del lago in una grotta.	☐	☐
c.	La fata aveva la coda di un serpente.	☐	☐
d.	La fata si prendeva cura del lago.	☐	☐
e.	Nessuno aveva mai sentito il meraviglioso canto della fata.	☐	☐
f.	La fata si trasformava in un serpente per sfuggire alla vista degli esseri umani.	☐	☐
g.	La fata venne uccisa da un contadino.	☐	☐
h.	Quando morì, il lago si prosciugò.	☐	☐

3 **Come ti immagini una fata? Come quella del lago o in modo diverso? Descrivila brevemente qui di seguito.**

....
....
....

Il principe granchio

Un giorno alla corte del re si presentò un pescatore. Teneva nella sua sacca un grosso granchio.

— Maestà — disse al re, — le ho portato qualcosa di molto speciale.

E gli mostrò il granchio.

— Un granchio?! — esclamò il re. — E che me ne faccio io di quella bestiaccia?

— Signore, è sicuramente il granchio più grande che abbia mai visto e ...

In quel momento entrò la figlia del re.

— Che animale meraviglioso! — esclamò vedendo il granchio. E poi rivolta al padre:

— Padre, ti prego, compra questo bel granchio che io possa metterlo nella mia peschiera.

— Va bene, figliola, comprerò il granchio — rispose il re che amava questa figlia in modo straordinario.

Il principe granchio

Così la ragazza ebbe il granchio che fu messo con gli altri pesci nella peschiera del giardino. Osservare i pesci nella peschiera era l'unico e vero passatempo della figlia del re che nutriva un'autentica passione per i pesci.

Da allora ogni giorno la principessa si sedeva nel giardino davanti alla peschiera a osservare i pesci. Ella non si stancava mai di guardare il granchio, su cui aveva imparato tutto: le sue abitudini, il cibo che mangiava, le ore che dormiva... Una sola cosa non sapeva: che cosa facesse quando a mezzogiorno spariva per ricomparire sempre puntuale alle tre. Un giorno si decise a seguirlo. "Così vedrò cosa fa" si disse.

Entrò nella peschiera, s'immerse nel canale sotterraneo, nuotò per un tratto e, infine, si trovò in una grande vasca che si trovava in una sala sotterranea. Era una sala bella e lussuosa ornata da tendaggi e al centro stava una tavola imbandita. La ragazza si nascose dietro le tende e rimase in attesa.

Mezzogiorno era passato da pochi minuti quando dall'acqua

vide affiorare il granchio. Ma non era solo: sopra la sua scorza stava seduta una strega. I due uscirono dall'acqua, la strega sfiorò la scorza del granchio con la sua bacchetta magica e dalla scorza uscì un giovane di straordinaria bellezza. Questi si sedette alla tavola imbandita. La strega con la sua bacchetta magica riempì i piatti di vivande, i bicchieri di acqua e di vino.

Dopo che il giovane ebbe mangiato e bevuto, di nuovo la strega lo toccò con la sua bacchetta magica, il giovane tornò nella scorza di granchio, lei gli rimontò in groppa e si immersero in acqua.

Ma, una volta nella scorza, il giovane ebbe una sorpresa: c'era anche la principessa. Aveva visto il giovane che le era piaciuto più di quanto le fosse piaciuto chiunque altro prima di allora. E allora aveva deciso in batter d'occhio: era entrata nella scorza per parlare con lui. Ma il giovane era spaventato.

— Cosa fai qui? — le chiese. — Se ti vede la strega, ci mangia, prima me e poi te.

Il principe granchio

— Ho capito che sei vittima di un incantesimo e voglio aiutarti.

— Non puoi aiutarmi. Per aiutarmi ci vuole una ragazza che mi ami e che sia disposta a rischiare la sua vita per me.

— Io sono quella ragazza! — esclamò lei.

Allora il principe granchio spiegò alla principessa cosa dovesse fare per liberarlo.

— Devi sapere — spiegò il principe — che alla strega piace tanto la musica. Tu devi andare su uno scoglio nel mare e lì metterti a suonare e a cantare. La strega verrà ad ascoltarti. Tu però a un certo punto smetterai e lei ti dirà: "Continua a suonare e a cantare bella mia, mi piace tanto." E tu devi rispondere questo: "Io continuerò soltanto se lei mi darà quel fiore che ha sulla testa." Una volta avuto il fiore me lo porti, perché quel fiore è la mia vita.

— Sì, lo farò — promise la principessa. Uscita dalla scorza del granchio andò direttamente dal padre.

— Padre — disse — ho una preghiera da rivolgerti.

— Sai che io esaudisco sempre i tuoi desideri — disse il padre.

— Voglio suonare il violino su uno scoglio in riva al mare.

— Il violino? In riva al mare? Ma che bizzarria è mai questa? — esclamò il re.

— Ti prego, padre.

E il padre, che era sempre accondiscendente verso questa figlia per cui stravedeva, le concesse il permesso e la fece accompagnare da otto damigelle vestite di bianco.

La principessa, appostata sullo scoglio, suonò il violino. La strega non tardò a venire, si sedette e rimase ad ascoltare. Quando la principessa smise di suonare, la strega le disse:

— Continua a suonare e a cantare, bella mia, mi piace tanto.

— Io continuerò a suonare e a cantare se lei mi darà quel bel fiore che ha in testa. Io amo i fiori — rispose lei.

La strega prese il fiore e lo gettò in acqua.

— Vuoi il fiore, carina? Va bene, va' a prenderlo però.

La giovane, senza esitare un secondo, si gettò in mare. Il fiore galleggiava trasportato dalle onde, e lei nuotava e nuotava tentando di afferrarlo.

Intanto le damigelle, vedendo la loro principessa in acqua, gridavano: — Padroncina, stia attenta!

Ma la principessa, incurante, nuotava. Ogni volta che stava per afferrare il fiore, un'onda glielo portava via. Finalmente ecco che un'onda propizia glielo gettò in mano. Appena ebbe il fiore in mano, sentì una voce sotto di lei che diceva:

— Grazie, mia dolce principessa. Mi hai restituito la vita che avevo perso e sarai la mia sposa. Non dire una parola! Adesso ti trasporto a riva. Però promettimi di non dire niente a nessuno, neppure a tuo padre. Io devo andare dai miei genitori a cui sono stato tolto tempo fa per questo malvagio incantesimo. Entro ventiquattr'ore sarò da te.

La giovane tornò a corte e non disse nulla al padre, come le aveva chiesto il giovane.

Il giorno dopo si sentì fuori dalla reggia un grande rullo di tamburi, uno squillo di trombe, un vociare, e cavalli al galoppo.

— Che sta succedendo? — esclamò il re che si precipitò fuori.

Davanti alla reggia stava il principe e accanto lui suo padre, il re e tutta la corte. La principessa si buttò tra le braccia del principe che la chiese in sposa. Al re non restò che concedere la mano della figlia, ma non se ne pentì mai. Infatti lei e il suo sposo vissero da allora felici e contenti.

Scopriamo la geografia

La maggior parte del territorio del Veneto è occupato dalla pianura, il resto è diviso tra montagne e colline. Per lungo tempo la regione è stata terra di emigrazione a causa della povertà, ma negli ultimi decenni ha avuto un notevole sviluppo industriale ed è ora una delle regioni più ricche d'Italia. La sua economia è basata sull'industria, sul terziario e anche sulle attività agricole e zootecniche (bovini, suini). È la regione più visitata d'Italia, circa 60 milioni di turisti all'anno, attratti dalle città d'arte ma anche dalle numerose località balneari e montane delle Dolomiti.

 superficie: 18.391 km²

popolazione: 4.910.170 abitanti

capoluogo: Venezia

Il celebre ponte in legno a Bassano del Grappa.

Tipico... del Veneto

Panorama di Venezia.
Nell'ovale, tratto del Po
nel Polesine. In questa zona
è stato istituito il Parco
Regionale del delta del Po.

Questa fiaba è ambientata per gran
parte in acqua: nella pescheria, nel canale
sotterraneo e nel mare, dove la principessa canta. Non c'è da stupirsi! Il
Veneto è una regione che si affaccia sul mare, che per lungo tempo ha
rappresentato e tuttora rappresenta una grande risorsa. La laguna vene-
ta, un bacino di acqua salmastra vicino alle coste, ha una superficie di
550 km² e si estende da Chioggia a Jesolo.

Ma non solo: la città più famosa di questa regione (e tra le più celebri
del mondo!), ovvero Venezia, è costruita interamente su piccole isole, e
le sue strade sono canali.

Leggere e comprendere

1 **Rispondi riconoscendo gli elementi tipici della fiaba.**

1. Dove si svolge la vicenda?

   ....

2. Chi sono i personaggi?

   ....

3. Qual è l'incantesimo?

   ....

4. Chi è il personaggio cattivo della fiaba?

   ....

5. Quale compito difficile deve superare la principessa?

   ....

6. Qual è il potere magico del fiore?

   ....

7. Come si conclude la storia?

   ....

2 **Riordina con i numeri le sequenze della storia.**